地方選挙要覧

〈令和 4 年版〉

監修　選挙制度研究会

国政情報センター

目　次

第1章　選挙のしくみ

第2章　立候補するまで

第3章　立候補

第4章　選挙運動

目　次

第5章　選挙運動期間中の政治活動

第6章　当選

第7章　寄附

第8章　主な罰則一覧

目　次

図 表

様式と記載例

I

選挙の
しくみ

制度の基本

選挙の種類

ポイント ▶ 地方選挙には、次のような種類があります。

選挙の種類	
都道府県の知事選挙	都道府県議会の議員選挙
指定都市の市長選挙	指定都市議会の議員選挙
指定都市以外の市長選挙	指定都市以外の市議会の議員選挙
特別区の区長選挙	特別区議会の議員選挙
町村長選挙	町村議会の議員選挙

▶ 指定都市とは、札幌、仙台、さいたま、千葉、横浜、川崎、相模原、新潟、静岡、浜松、名古屋、京都、大阪、堺、神戸、岡山、広島、福岡、北九州、熊本の20都市です。

〔地方自治法252条の19関係〕

▶ 特別区とは、東京都の23区です。

〔地方自治法281条関係〕

選挙区の区割りと定数 (都道府県)

ポイント ▶ 都道府県議会の議員選挙は、原則として、1つの市の区域、1つの市と隣接する町村を合わせた区域、隣接する町村を合わせた区域を基本として条例で定めることとなります。なお、指定都市の場合は、当該指定都市の区域を2以上の区域に分けた区域（ただし、原則として、区の区域は分割しない）が基本となります。

〔公職選挙法15条関係〕

▶ 定数は、都道府県の条例により定められることとなります。

〔地方自治法90条関係〕

選挙区の区割りと定数 (市・特別区)

ポイント ▶ 市・特別区議会の議員選挙は、原則として、市の全域・区の全域が1つの選挙区となります。
ただし、指定都市の議会の議員選挙は行政区の区域が選挙区となります。

〔公職選挙法15条・266条関係〕

▶ 定数は、市・特別区の条例により定められることとなります。

〔地方自治法91条・283条関係〕

選挙区の区割りと定数 (町村)

ポイント ▶ 町村議会の議員選挙は、原則として、町村の全域が1つの選挙区となります。

〔公職選挙法15条関係〕

▶ 定数は、町村の条例により定められることとなります。

〔地方自治法91条関係〕

II

立候補するまで

立候補前の活動

政治活動と選挙運動の違い

一般的に政治活動と呼ばれる活動の中には特定の候補者を当選させるために行う選挙運動に該当する活動も含まれる場合が多く見受けられます。

そこで、公職選挙法では、政治活動と選挙運動を明確に区別するために、政治活動を「政治上の目的をもって行われるすべての行為から、選挙運動に該当する行為を除いた一切の行為」としています。

したがって、政治活動のうち選挙運動に該当する政治活動は、公職選挙法では政治活動としてではなく、選挙運動としての規制を受けることになります。

禁止される主な行為

事前運動

立候補届出前の選挙運動をいいます。選挙運動とは、特定の選挙において、特定の候補者を当選させるために、直接または間接に働きかける行為をいいます。

事前ポスター

選挙運動に該当しない政治活動のためのポスターでも、立候補予定者の氏名等が表示されているものは、選挙の前一定期間は事前ポスターとして掲示が禁止されています。立札や看板についても、地方選挙の種類に応じて制限されています。

禁止されない主な行為

政治活動

政治上の主義や施策を推進・支持したり、公職の候補者を推薦・支持したりすることなどを目的として行う活動のうち、選挙運動に当たらないものをいいます（一定期間内に掲示する事前ポスターなどを除く）。

立候補準備行為

立候補予定者が選挙区内の人の支持をあらかじめ調査する行為（瀬踏行為）、政党の公認を求める行為、推薦会の開催行為などをいいます。

選挙運動準備行為

選挙運動費用の調達、選挙運動員の任務の割り振り、選挙事務所や個人演説会場の借入れの内交渉、看板の作成やポスターの印刷などをいいます。

社交的行為

年賀や暑中見舞など、通常の時期に通常の方法で行われる社交的な行為をいいます（候補者が選挙区内の人に挨拶状を出すことは答礼のための自筆によるもの以外は禁止されています）。

禁止される行為

事前運動の禁止

ポイント ▶ 立候補の届出以前に選挙運動をする（事前運動をする）ことは禁止されています。詳細は第4章選挙運動をご覧ください。

罰則 ▶ P176

〔公職選挙法129条関係〕

ケース解説 ▶ **事前運動とはどのようなものか**

事前運動とは立候補届出前の選挙運動です。選挙運動とは、特定の選挙において、特定の候補者を当選させるために、選挙人に直接または間接に働きかける行為をいいます。「○○さんに投票してください」というような明瞭な行為だけでなく、単に特定の候補者の名前を選挙人に知らせるだけでも、当選を目的とした行為であれば選挙運動に当たります。

▶ **特定の候補者に投票しないよう選挙人に働きかけてもよいか**

単に特定の候補者を当選させないために行う限りは選挙運動にはなりませんが、その行為が他の候補者を当選させることを目的とする場合は、選挙運動になります。

▶ **立候補予定者に、立候補をやめるよう働きかけてもよいか**

直ちに選挙運動とはみなされませんが、特定の候補者を当選させることを目的として他の者の立候補をやめさせようとする場合は、選挙運動とみなされ、事前運動として禁止されます。

▶ **労働組合が特定の者の推薦を決議してもよいか**

単なる推薦決議にとどまる場合は選挙運動にはなりませんが、推薦を決議した特定の候補者名を組合員以外の者に葉書や新聞などで告知したり、投票を依頼したりした場合には選挙運動に当たり、事前運動の禁止に違反します。これは、労働組合だけでなく、業者団体などの場合でも同じです。

一定期間内の政治活動用ポスターの禁止

ポイント ▶ 候補者・立候補予定者・公職にある者（以下「候補者等」といいます）およびこれらの者の後援団体が政治活動に使用するポスターで、当該候補者等の氏名もしくは氏名類推事項または後援団体の名称を表示したものは、当該候補者等の任期満了の日の6ヵ月前の日から選挙期日までの間（任期満了による選挙の場合）または選挙管理委員会が選挙を行うべき事由が生じた旨を告示した翌日から選挙期日までの間（任期満了によらない選挙の場合）は、掲示することができません。

罰則▶P184

（公職選挙法143条関係）

候補者等による時候の挨拶状の禁止

ポイント ▶ 候補者等が、選挙区内にある者に対して、年賀状、寒中見舞状、暑中見舞状、年賀電報などの時候の挨拶状を出すことは、時期にかかわらず常に禁止されています。
ただし、答礼を目的とした本人自筆のもの、および時候の挨拶以外の祝電や弔電は禁止されていません。

（公職選挙法147条の2関係）

ケース解説 ▶ **署名のみ自筆のものは認められるか**
自筆とは候補者等本人の肉筆をいい、石版や複写などで複製したもの、署名のみ自筆のもの、口述して他人に代筆させたものなどは認められません。

挨拶を目的とする有料広告の禁止

ポイント ▶ 候補者等およびその後援団体が、選挙区内にある者に対して、主として年賀・暑中見舞・慶弔・激励・感謝などの挨拶を目的とする広告を有料で新聞やビラ、パンフレット、インターネット等で頒布したり、テレビやラジオを通じて放送することは、選挙期間中・選挙期間前後にかかわらず常に禁止されます。
また、いかなる者も、これらの者に対して有料広告の掲載や放送を求めてはいけません。

罰則▶P176

（公職選挙法152条関係）

禁止されない行為

選挙期間前の政治活動

ポイント ▶ 選挙運動に該当しない純然たる政治活動は、選挙運動期間中でなければ原則としてほとんど制限されません。

ケース解説 ▶ **政治活動とはどのようなものか**
政治家や政党その他の政治団体などが、その政策の普及や宣伝、党勢の拡張、政治啓発などを行うことであり、特定の候補者を当選させるための行為（選挙運動）は含まれません。

▶ **隣近所や職場の人に後援会への加入を勧めてもよいか**
後援会活動は政治活動であるため、特定の人の政治的な活動を支援するために後援会をつくったり、その後援会への加入を勧めても問題ありません。
ただし、選挙が間近に迫った場合などには、投票依頼など選挙運動とみなされないように注意しなければなりません。

▶ **後援会加入勧誘文書などで選挙運動とみなされる場合**
後援会への加入を呼びかける文書や、後援会の開催を通知する文書については、投票依頼の文言がなく、かつ、配る方法や時期が社会通念に照らして妥当なものである限り選挙運動とはみなされず、禁止されません。
ただし、次のような加入勧誘文書は、直接投票依頼の文言がなくても選挙運動とみなされることがあります。
①立候補予定者の氏名をことさら大きく書き、その略歴や顔写真を掲げて、「政治家として大成させていただきたい」などの記載がある加入勧誘文書
②後援会事務所の住所や連絡先が記載されていない加入勧誘文書
③後援会の会員以外の者に対して配られる後援会総会等の開催通知書

▶ **会社推薦の候補者名を社内報などで通知してもよいか**
会社などで社長や役員が社員を集めて発議し、推薦を決定することは通常の政治活動として認められます。推薦を決定した候補者名を、社内の掲示板に掲載したり、社内報で社内に通知することは、従来より掲示板や社内報で連絡事項などを通知することが通常の方法であれば認められます。

立札・看板などの掲示の制限

ポイント ▶ 選挙期間前の政治活動であっても、候補者等およびこれらの者
の後援団体が政治活動に使用する立札・看板などで、当該候補
罰則▶P184 者等の氏名もしくは氏名類推事項または後援団体の名称を表示
したものについては、次のとおり制限があります。
① 1つの政治活動用事務所ごとにその場所において2枚以内
②次に掲げる総数の範囲内
③大きさは、縦150cm、横40cm以内
④選挙管理委員会から交付を受けた証票が表示されていること

選挙の種類	候補者等の制限総数	後援団体の制限総数
都道府県知事選挙 ・小選挙区が2の都道府県	12枚	18枚
・小選挙区が2を超える都道府県（※）	選挙区数が2つ増すごとに、12に2ずつ加えた枚数	選挙区数が2つ増すごとに、18に3ずつ加えた枚数
指定都市の市長選挙	10枚	10枚
都道府県議会の議員選挙 市議会の議員選挙 指定都市以外の市長選挙 特別区長選挙 特別区議会の議員選挙	6枚	6枚
町村長選挙 町村議会の議員選挙	4枚	4枚

※例えば、衆議院議員選挙の小選挙区の数が6区ある京都府の場合、候補
者が掲示できる総数は、12＋2＋2＝16枚。3区ある和歌山県の場合
は、「選挙区数が2を増して」いないので2区と同じ12枚。

〔公職選挙法143条関係〕

▶ 政治活動のための演説会、講演会、研修会などの集会の会場で、
その開催中に使用される立札・看板類には、選挙運動にわたる
ものでなければ制限はありません。

社交的行為

ポイント ▶ 候補者等が、社会的に認められている社交（例えば友人との会食や謝礼の挨拶状の発送など）を行うことは、投票を獲得しようとするものでない限り認められます。

ただし、社交的行為ではあっても、選挙区内にある者に対して、年賀状や暑中見舞状などの時候の挨拶状を出すことは、答礼のための自筆のものを除いて禁止されています。祝儀や餞別を渡してもいけません。

立候補の準備行為

ポイント ▶ 立候補しようとする人が、選挙区内にある者の支持の状況をあらかじめ調査したり（瀬踏行為）、政党などの公認を求めたり、後援団体などが候補者選考会や推薦会を開催することは、立候補するための準備行為として認められています。

候補者の選考会・推薦会

ポイント ▶ 政党その他の政治団体や労働組合、あるいは単なる有権者が集まって特定の候補者の推薦を決定することは、立候補の準備行為として認められています。推薦された人が、これを受けて、立候補を決意することも問題ありません。

ただし、次のような場合には一般に選挙運動とみなされ、事前運動に該当するおそれがあります。

①選考会や推薦会に集まったそれぞれの人たちが、まったくの白紙の状態から相談して候補者の推薦を決めたのではなく、あらかじめ候補者が内定しており、会合の名を借りて形式的に決定した場合

②選考会の後、単にその結果を構成員に通知するにとどまらず、構成員以外の外部の者にそれを通知した場合

③選考会や推薦会を開催するために、多くの仲間たちを戸別訪問し、それが特定の人の当選をあっ旋する行為と認められる場合

立候補のための瀬踏行為

ポイント ▶ 立候補しようとする人にとって、有権者の支持状況を知ること
は、立候補を決意する上できわめて重要です。そこで、立候補
を決意するためにあらかじめ有権者の支持状況を調査する行為
を「瀬踏行為」と呼び、立候補の準備行為として認められてい
ます。瀬踏行為には次のようなものがあります。

①有力者などを通じての打診と世論調査

　地域や政党などの有力者と会って有権者の意識や選挙情勢の
話を聞いたり、意見の交換をすること。あるいは、選挙区内
の有権者を対象に意識調査などの世論調査を行い、自分がど
れくらい有権者の支持を受けられるのか、どんな政策が望ま
れているのかなどを知ること

②演説会や座談会の開催

　多くの有権者の反響を直接みるために、議会報告演説会（現
職の議員の場合）、時局演説会、政策発表演説会、座談会など
を開催すること

▶ ただし、選挙区の情勢を聞く場合や演説会・座談会を開催する
場合でも、投票を獲得するために行われるならば選挙運動とみ
なされ、事前運動の禁止に違反します。また、世論調査などの
場合にも、投票の依頼を暗示するものは選挙運動とみなされ、
事前運動の禁止に違反することになります。

政党の公認や団体の推薦を得る行為

ポイント ▶ 政党の公認を求めたり、各種の友好団体の推薦を得られるかど
うかの意向を打診することは、立候補の準備行為として認めら
れています。また、特定の個人に対して推薦人になってもらう
よう依頼することも、立候補の準備行為として認められています。

ケース解説 ▶ **推薦を受けた後に謝意を表すためにその団体を訪ねてもよいか**
立候補予定者が会社などの団体から推薦を受けた場合、謝意を
表すためにその団体を訪問してもかまいません。
ただし、投票を依頼すれば事前運動の禁止に違反します。

選挙運動の準備行為

ポイント ▶ 立候補の届出日以前の選挙運動は禁止されていますが、次のようなものは選挙運動とは区別されており、事前の準備行為として認められています。
①推薦を依頼するための内交渉
②選挙事務所や個人演説会場などの借入れの内交渉
③選挙演説を依頼するための内交渉
④自動車・船舶・拡声機の借入れの内交渉
⑤出納責任者・選挙運動員・労務者となることの内交渉
⑥選挙運動員たちの任務の割り振り
⑦選挙運動用のポスター・立札・看板などの作成、印刷
⑧選挙運動用葉書の宛名書き、印刷
⑨選挙公報・政見放送の文案の作成
⑩選挙運動費用の調達

ケース解説 ▶ **立候補を決意した旨の葉書を不特定多数に出してもよいか**
不特定多数の人に出せば、事前の準備行為ではなく、選挙運動に当たります。また、地域の有力者などの限られた人に対する通知でも、その文面や通知先の数などから選挙運動とみなされる場合があります。

▶ **選挙運動員の募集のために選挙区内の人を戸別訪問してもよいか**
選挙運動員になるための内交渉は認められますが、それを口実にして戸別に選挙区内の人を訪問し、選挙運動をした場合は、公職選挙法違反となります。

▶ **立候補を決意した会社社長が自社広告に名前を掲載してもよいか**
例えば自社の営業広告に名を借りて、社長○○○○と新聞に掲載した場合、ことさらに氏名が強調されているようであれば、一般的には選挙運動とみなされ、事前運動として禁止されます。

選挙運動の対策 (参考)

当選に必要な得票数

過去の選挙結果を調査し、現在の有権者数・予想得票数・立候補者数などを考慮に入れて算定することが大切です。

出納責任者などの選任

選挙運動費用をとりまとめる出納責任者や、総括主宰者（選挙運動の全体を総括主宰する人）、地域主宰者（一部地域の選挙運動を総括主宰する人）、秘書など、実際に選挙運動を支える人を選任する際は、選挙区内の人の信望や人気を考慮に入れつつも、これらの人たちが買収罪などを犯したとき（出納責任者、総括主宰者、地域主宰者については罰金以上の刑、秘書については禁錮以上の刑に処せられた場合）には当選が無効になるため、慎重な人選が求められます。

組織的選挙運動管理者等の選任

組織的選挙運動管理者等とは、選挙運動の計画の立案・調整を行う者、選挙運動員などを指揮・監督する者、その他選挙運動の管理を行う者のことをいいますが、これらの人たちが買収罪などを犯し、禁錮以上の刑に処せられたときにも当選が無効になるため、慎重な人選が求められます。

選挙運動の序・中・終盤戦の計画

選挙運動費用を考慮に入れながら、ポスターの貼り方、個人演説会や街頭演説の実施時期、選挙運動用葉書の発送方法など、どの時期に、どこで、どのように行うかをあらかじめ計画し、最も効果的な選挙運動をすることが大切です。

III

立候補

第3章 立候補

立候補の条件

被選挙権

ポイント ▶ 次の要件をすべて満たさないと立候補できません。
①日本国民であること
②一定の年齢以上であること（選挙の種類に応じて異なります）

選挙の種類	年齢要件
都道府県知事選挙	満30歳以上
都道府県議会の議員選挙 市町村長選挙 市町村議会の議員選挙 特別区長選挙 特別区議会の議員選挙	満25歳以上

③都道府県議会の議員、市町村（特別区を含む）の議会の議員に立候補する場合は、その選挙権を有すること

〔公職選挙法10条・266条関係〕

▶ 上記の要件を満たしても、次の者は立候補できません。
①禁錮以上の刑に処せられその執行を終わるまでの者
②禁錮以上の刑に処せられその執行を受けることがなくなるまでの者（刑の執行猶予中の者を除く）
③公職にある間に犯した収賄罪等により刑に処せられ、実刑期間経過後10年間を経過しない者または刑の執行猶予中の者
④法律で定めるところにより行われる選挙、投票および国民審査に関する犯罪により禁錮以上の刑に処せられその執行猶予中の者
⑤公職選挙法に定める選挙に関する犯罪により、選挙権および被選挙権が停止されている者
⑥政治資金規正法に定める犯罪により、選挙権および被選挙権が停止されている者

〔公職選挙法11条・11条の2、252条、政治資金規正法28条関係〕

▶ **ケース解説** **立候補の時点で年齢要件を満たしていなくても立候補できるか**
年齢は選挙期日（投票日）により算定されます。したがって、投票日までに年齢要件を満たすのであれば（他の要件を満たしている限り）、立候補できます。

▶ **法律で定めるところにより行われる選挙・投票・国民審査とは**
国会議員や地方公共団体の議会議員・長の選挙（公職選挙法）、憲法改正のための国民投票（日本国憲法の改正手続に関する法律）、一の地方公共団体のみに適用される特別法制定のための投票や直接請求に係る投票（地方自治法）、大都市地域における特別区の設置に係る投票（大都市地域における特別区の設置に関する法律）、最高裁判所裁判官国民審査（最高裁判所裁判官国民審査法）などです。

公務員等の立候補制限

ポイント ▶ 公務員等（行政執行法人または特定地方独立行政法人の役職員を含む。以下同じ）は、原則として在職中は立候補できません。したがって、立候補すると自動的に公務員等を辞職したものとみなされます。

ただし、知事、市町村長、県議会・市町村議会の議員が、自分の任期が満了するために行われる選挙に在職中に立候補しても、そのことをもって直ちに公職を失うことはありません。

〔公職選挙法89条、90条関係〕

▶ 次の公務員は、在職中に立候補しても公務員を辞職したとはみなされず、そのまま在職できます。

①内閣総理大臣、国務大臣、内閣官房副長官、内閣総理大臣補佐官、副大臣、大臣政務官、大臣補佐官

②いわゆる単純労務に従事する地方公務員（技術者・監督者・行政事務を担当する者を除く）

③予備自衛官、即応予備自衛官、予備自衛官補

④臨時・非常勤の公務員（国家公務員法または国会職員法等に規定する短時間勤務の官職または短時間勤務の職を占める者を除く）で、委員長、委員（一部の委員会を除く）、顧問、参与、会長、副会長、会員、評議員、専門調査員、審査員、報告員および観測員の名称を有する職にある者、統計調査員、仲介員、保護司、参与員の職にある者

⑤臨時・非常勤の地方公共団体または特定地方独立行政法人の嘱託員

⑥消防団長・団員、水防団長・団員（いずれも常勤の者を除く）

⑦地方公営企業に従事する職員または特定地方独立行政法人の職員（主たる事務所における課長相当職以上にある者を除く）

〔公職選挙法89条関係〕

ケース解説 ▶ **教育委員会や人事委員会の委員は在職のまま立候補できるか**

できません。この他、地方公共団体の公安委員会、農業委員会、漁業調整委員会の委員など、一部の委員会の委員等については、立候補と同時に身分が失われます。ただし、農業委員会、漁業調整委員会、内水面漁場管理委員会の委員は、市町村長選挙と市町村議会の議員選挙に限り、現職のまま立候補できます。

▶ **市政連絡員や地区駐在員は在職のまま立候補できるか**

臨時または非常勤の嘱託員であれば、在職のまま立候補できます。この他、公民館長、公民館の職員、学校医、学校歯科医、講師、市の条例で定められた衛生班長などについても、任務が嘱託形式であれば嘱託員（非常勤）となり、在職のまま立候補できます。

連座制による立候補制限

ポイント ▶ 候補者等と一定の関係にある者が買収等の悪質な選挙犯罪を犯し、刑に処せられたことにより連座制が適用された場合には、連座裁判確定等のときから5年間、同じ選挙で同じ選挙区からの立候補が禁止されます。詳しくは、P139〜144を参照してください。

〔公職選挙法251条の2、251条の3関係〕

供託金

▶ 立候補をしようとする人、または立候補者の推薦人は、選挙の種類に応じて、候補者1人につき次の額の現金（国債証書、振替国債も可）をあらかじめ供託しなければなりません。

選挙の種類	供託金の額
都道府県知事選挙	300万円
都道府県議会の議員選挙	60万円
指定都市の市長選挙	240万円
指定都市議会の議員選挙	50万円
指定都市以外の市長選挙 特別区の区長選挙	100万円
指定都市以外の市議会の議員選挙 特別区議会の議員選挙	30万円
町村長選挙	50万円
町村議会の議員選挙	15万円

〔公職選挙法92条・266条関係〕

▶ 一定の得票数に達しなかった場合は、供託金は没収されます。また、供託金を納めた後で候補者が立候補を辞退したり、立候補の届出を取り下げたり、選挙長から立候補の届出を却下されたりした場合にも、供託金は没収されます。

〔公職選挙法93条関係〕

供託金の届出

ポイント

▶ 立候補をしようとする人、または立候補者の推薦人だけが供託することができます。候補者が第三者に供託を依頼したり、推薦立候補（P35参照）の場合に候補者本人が供託をしたりしても効力はありません。

▶ 選挙期日の告示前でも供託の届出をすることができますが、必ず選挙を特定させなければなりません。

▶ 供託は、供託所に備え付けてある供託書（機械読み取りを行う専用のOCR用供託書）に必要事項を記載して供託所に提出しなければなりません。

▶ 供託所によっては、次のように現金による供託を取扱っていないこともあります。その場合は、供託所にある供託書1通（正本）に現金を添え、供託所が指定する日本銀行の本店・支店・代理店に払い込み、供託金受領の証明書を受けなければなりません。

供託所	現金の取扱い
【法務局】 　本局 　支局 　出張所	取り扱う 取り扱わない（※） 取り扱わない
【地方法務局】 　本局 　支局 　出張所	取り扱う 取り扱わない 取り扱わない

※東京法務局八王子支局、福岡法務局北九州支局のみ取り扱う。

▶ 国債証書による供託は、日本銀行の本店・支店・代理店だけが取扱うことになっています。国債証書で供託する場合は、供託所にある供託書1通（正本）に国債証書を添えて、供託所が指定する日本銀行の本店・支店・代理店に払い込みます。

▶ オンラインによる供託を行った場合は、立候補の届出の際、「供託書正本」に代えて、供託規則第42条に規定されている「みなし供託書正本」を添付する必要があります。

供託書【様式と記載例】

候補者本人による現金供託の場合

供託書・OCR用

（組）

供託書　正　本

新様式第34号
（印刷用第34号）

頁 ／

供託者番号記入欄
（公職選挙法第92条第1項）

法令条項

□半角入　□半削除

供託受付印　調査記録

申請年月日　令和　〇年　〇月　〇日

供託所の表示　山川県　山川市　法　務　局

供託者の住所氏名
住所（〒　－　）　山川県 山川市甲町1丁目2番3号
氏名・法人名等　甲　山　乙　夫
代表者等又は代理人住所氏名

供託カード番号（　　　）カードご利用の方は記入してください。

被供託者の住所氏名
住所（〒　－　）
氏名・法人名等　山川県　山　川　市

供託の原因たる事実
供託者は、令和〇年〇月〇日に行われる（予定の）山川市議会議員選挙について、候補者として当該選挙長に立候補の届出をするため供託をする。

□別添のとおり　ふりがなからは別紙継続用紙に記載してください。

□別添のとおり　ふりがなからは別紙継続用紙に記載してください。

□供託により消滅すべき質権又は抵当権
□反対給付の内容
□被供託者に通知する。

備考　宮庁の名称　山川市議会議員選挙長

（注）1. 供託金額の冒頭に¥記号を記入してください。なお、供託金額の訂正はできません。
2. 本供託書は訂正が出来ないので、記入された氏名を記入しなければならない。

供託金額
百十　億　千　百　十　万　千　百　十　円
¥3 0 0 0 0 0

供託者カナ氏名
コウヤマオツオ

受理
年　月　日（印）
供託カード発行

1　※欄点、半角は1マスを使用してください。

記載上の注意
1　有価証券又は振替国債による供託の場合と同じ要領で書けばよい（このほかに供託物の内容を記入する様式が必要）。
2　「供託者の住所氏名」欄に記入しようとする候補者の氏名は、必ず戸籍簿に記載された氏名を記入しなければならない。
3　供託金額については、各選挙ごとに異なるので、30頁を参照のこと。

020000

供託書【様式と記載例】

推薦届出人による現金供託の場合

（以下は供託書の様式と記載例）

供託書　正本

供託書・OCR用（供）

申請年月日	令和　○年　○月　○日
供託所の表示	○○法務局

供託カード番号（カードご利用の方は記入してください。）

供託者の住所氏名・法人名等
山川県山川市乙町1丁目2番3号
乙野　次郎
代表者等又は代理人住所氏名

被供託者の住所氏名・法人名等
山川県山川市

供託金額　￥3 0 0 0 0

法令条項（公職選挙法第92条）

供託の原因たる事実
供託者は、令和○年○月○日に行われるべき（予定の）山川県山川市議会議員選挙について、山川市甲山乙夫を候補者として当該選挙に甲山乙夫を推薦届出をするために供託をする。

供託により消滅すべき質権又は抵当権
□別添のとおり
ふたがめのときは別紙継続用紙に記載してください。

反対給付の内容
□別添のとおり
ふたがめのときは別紙継続用紙に記載してください。
□被供託者に通知する。

受理　　年　月　日　（印）
供託カード発行

供託者カナ氏名

官庁の名称　山川市議会議員選挙長

（注）1．供託金額の登録に変更を記入してください。なお、供託金額の訂正はできません。
　　　2．本供託書は折り曲げないでください。

備考

記載上の注意

1　有価証券又は振替国債による供託の場合も同じ要領で書けばよい（このほかに供託物の内容を記入する様式に変更）。
2　「供託者の住所氏名」欄には、供託をした推薦届出人の住所氏名を記載しなければならない。
3　「供託の原因たる事実」欄に記載する候補者となろうとする者の氏名は、必ず戸籍簿に記載された氏名を記載しなければならない。
4　供託金額については、各選挙ごとに異なるので、30頁を参照のこと。

1　黒点・半濁点は1マスを使用してください。

020000

立候補の届出

立候補届出期間

ポイント ▶ 立候補の届出期間は、選挙期日の告示の日（1日間）だけであり、届出時間は、午前8時30分から午後5時までです。告示日が日曜・祝日でも届出はできますが、届出時間を過ぎると受理されません。

〔公職選挙法86条の4、270条関係〕

届出先

ポイント ▶ 立候補の届出先は、選挙管理委員会ではなく、選挙長です。選挙長の氏名は、選挙期日の告示と同時に選挙管理委員会が告示します。選挙長の氏名は告示前でもあらかじめわかっているため、立候補届の受付場所などと共に確認しておく必要があります。なお、郵送による届出はできません。

〔公職選挙法86条の4関係〕

立候補届出に必要なもの

ポイント ▶ 立候補の届出には、次の書類が必要です。立候補の手続きは複雑ですので、多くの選挙管理委員会が予備的審査を実施しています。届出人は、正規の届出をする前にこれを受けておくことが適当です。
①候補者届出書（本人届出の場合のみ）
②推薦届出書（推薦届出の場合のみ）
③供託証明書
④選挙期日において住所に関する要件を満たす者であると見込まれる旨及び候補者となることができない者でない旨の宣誓書（「住所に関する要件を満たす者であると見込まれる者」の宣誓をするのは地方公共団体の議会議員の選挙のみ）
⑤所属党派証明書（無所属の者は不要）
⑥戸籍謄本または抄本
⑦通称認定申請書と通称の説明資料（通称使用希望者のみ。なお、旧姓を通称使用する場合は説明資料は不要）
⑧候補者推薦届出承諾書（推薦届出の場合のみ）
⑨選挙人名簿登録証明書（推薦届出の場合のみ）
※上記以外に必要なものについては、あらかじめ選挙管理委員会にお問い合わせください。

〔公職選挙法86条の4関係〕

立候補届出書または推薦届出書

ポイント ▶ 立候補の届出には、候補者となろうとする人が自ら届け出る方法（本人届出）と、候補者と同じ選挙区内の選挙人名簿に登録された人が候補者の承諾を得て届け出る方法（推薦届出）の2種類があります。

▶ 本人届出の場合は立候補届出書を、推薦届出の場合は推薦届出書を提出しなければなりません（P36・37参照）。

▶ 届出書の「党派」には、候補者が所属する政党その他の政治団体の名称を記入しなければなりません。2つ以上の政治団体に所属する場合は、いずれか1つの名称を記入することになります。無所属の場合は、「無所属」と記入しなければなりません。

▶ 届出書の「職業」は、なるべく詳細に記入することが必要です。例えば、単に「公務員」と書くのではなく「○○市民生委員」というように書かなければなりません。

▶ 届出書には、地方公共団体の長や議会議員との兼職を禁止されている職業に就いている人は、その職名を記入しなければなりません。地方公共団体と請負関係のある人は、その旨を記載しなければなりません。

〔いずれも公職選挙法86条の4、同法施行令89条関係〕

ケース解説 ▶ 地方公共団体の長や議会議員との兼職を禁止されている職業とは
在職のまま立候補できる公務員（P28参照）のことです。これらの人が当選した場合には、原則として、従前の職業を辞めたものとみなされます（P137参照）。

▶ **請負業者はなぜ請負関係を記載しなければならないのか**
地方公共団体と請負関係のある人は、請負先の地方公共団体の長や議会議員と兼職できないためです。したがって、当選しても、当選の告知を受けた日から5日以内に請負関係がなくなった旨の届出をしないと、当選の資格を失うことになります（P137参照）。

立候補届出書【様式と記載例】

本人届出の場合

山川市議会議員選挙候補者届出書（本人届出）		
ふりがな 候補者氏名	甲山 乙夫	性別 男
本籍	海山県海山市乙町一丁目二番地	
住所	山川県山川市甲町一丁目二番三号	
生年月日	昭和○年○月○日（満○歳）	
党派	○○党 職業 ○○株式会社社長	
一のウェブサイト等のアドレス	http://○○.○○.jp	
選挙	令和○年○月○日執行 山川市議会議員選挙	
添付書類	一 供託証明書 二 宣誓書 三 所属党派証明書 四 戸籍の謄本又は抄本 〔五 通称認定申請書〕	

右のとおり関係書類を添えて立候補の届出をします。

令和○年○月○日

山川市議会議員選挙選挙長 内野三郎 殿

甲山乙夫

備考
1 「生年月日」欄の年齢は、選挙の期日現在の満年齢を記載しなければならない。
2 法第八十六条の四第四項に規定する政党その他の政治団体を有しない者は、「党派」欄に「無所属」と記載しなければならない。
3 「党派」欄に当該政党その他の政治団体の名称のほか、その略称を「（略称）何々」と記載しなければならない。
4 「職業」欄は、職業をなるべく詳細に記載しなければならず、地方自治法第九十二条の二又は第百四十二条に規定する関係にある者についてはその職名を記載しなければならない。議員又は長と兼ねることができない職にある者についてはその旨を記載しなければならない。
5 「一のウェブサイト等のアドレス」欄には、選挙運動のために使用する文書図画を領布するために利用する一のウェブサイト等のアドレスを記載することができる。
6 候補者本人が届け出る場合は本人確認書類の提示又は提出を、その代理人が届け出る場合は委任状その他の措置がある場合はこの限りではない。ただし、候補者本人の署名その他の措置がある場合はこの限りではない。

推薦届出書【様式と記載例】

推薦届出の場合

山川市議会議員選挙候補者届出書（推薦届出）		
ふりがな	こうやまおつお	性別
候補者氏名	甲山乙夫	男
本籍	海山県海山市乙町二丁目二番地	
住所	山川県山川市甲町一丁目二番三号	
生年月日	昭和〇年〇月〇日（満〇歳）	
党派	〇〇党　職業　〇〇株式会社社長	
選挙	令和〇年〇月〇日　執行　山川市議会議員選挙	
一のウェブサイト等のアドレス	http://〇〇.〇〇.jp	
添付書類	一　候補者の承諾書 二　選挙人名簿登録証明書 三　供託証明書 四　宣誓書 五　所属党派証明書 六　戸籍の謄本又は抄本 （七　通称認定申請書）	

右のとおり推薦届出をします。

令和〇年〇月〇日

推薦届出者　住所　山川県山川市乙町一丁目二番三号

乙野次郎　昭和〇年〇月〇日生

山川市議会議員選挙選挙長　丙野三郎　殿

備考
1　「生年月日」欄、「党派」欄及び「職業」欄の記載については、三十六頁の様式の備考に準ずる。
2　「一のウェブサイト等のアドレス」欄には、選挙運動のために使用する文書図画を頒布するために利用する一のウェブサイト等のアドレスを記載することができる。
3　推薦届出者本人が届け出る場合にあつては本人確認書類の提示又は提出及び当該代理人の本人確認書類の提示又は提出を行うこと。ただし、推薦届出者本人の署名その他の措置がある場合はこの限りではない。

宣誓書

ポイント ▶ 立候補者が、選挙期日において住所に関する要件を満たす者であると見込まれること（地方公共団体の議会議員の選挙に限る。）、被選挙権があること、他の選挙に立候補していないこと、連座制の適用による当該選挙区での立候補制限を科せられていないこと、などを誓う文書です（P39参照）。

罰則 ▶ P175

〔公職選挙法86条の4関係〕

所属党派（政治団体）証明書

ポイント ▶ 立候補者が、政党その他の政治団体に所属する者として届け出る場合にだけ必要で、無所属として立候補する場合には添付する必要はありません（P40参照）。

▶ 所属党派（政治団体）証明書の発行者は、あらかじめ各政党で決められており、それ以外の者が発行した証明書は権限のない者による証明書であって証明書としての効力はありません。

〔公職選挙法86条の4関係〕

通称認定申請書

ポイント ▶ 立候補者が通称（戸籍名以外の呼び名）の使用を希望する場合にだけ必要です（P41参照）。通称の使用が認められれば、記号式投票の投票用紙や新聞広告などに、本名（戸籍名）に代えて通称が使用されます。

▶ 通称は本名（戸籍名）に代わるものとして広く通用している呼び名でなければならないため、通称認定申請書を提出する際は、選挙長に対して説明資料（葉書・名刺・著書など）を提示し、その呼び名が広く通用していることを証明しなければなりません。ただし、旧姓を通称認定申請する場合は、戸籍謄本（抄本）だけで確認できることから、説明資料は必要ありません。

〔公職選挙法施行令89条関係〕

▶ 選挙運動用ポスターや立札・看板などに通称を記載する場合などは、通称認定申請書を提出しなくても通称を使用できます。

宣誓書【様式と記載例】

宣　誓　書

　私は、令和○年○月○日執行の山川市議会議員、選挙の期日において公職選挙法第九条第二項に規定する住所に関する要件を満たす者であると見込まれること及び同法第八十六条の八（被選挙権のない者等の立候補の禁止）第一項、第二百五十一条の二（総括主宰者、出納責任者等の選挙犯罪による公職の候補者等であつた者の当選無効及び立候補の禁止）又は第二百五十一条の三（組織的選挙運動管理者等の選挙犯罪による公職の候補者等であつた者の当選無効及び立候補の禁止）の規定により同選挙の○選挙区において候補者となることができない者でないことを誓います。

令和　○年　○月　○日

山川県山川市甲町一丁目二番三号

甲山乙夫

所属党派証明書

氏　名　甲山　乙夫

住　所　山川県山川市甲町一丁目二番三号

右の者は、本政党（政治団体）に所属する者であることを証明する。

令和○年○月○日

○○党（○○政治団体名）

代表者○○○○

通称認定申請書【様式と記載例】

通称認定申請書

呼称　吉田一郎

候補者氏名　甲山乙夫

令和〇年〇月〇日執行の山川市議会議員選挙において、公職選挙法施行令第八十九条第五項において準用する第八十八条第八項の規定により右の呼称を通称として認定されたく申請します。

令和〇年〇月〇日

山川県山川市甲町一丁目二番三号

甲山乙夫

山川市議会議員選挙選挙長

丙野三郎　殿

備考　この申請書を提出するときは、併せて当該呼称が戸籍簿に記載された氏名に代わるものとして広く通用していることを証するに足りる資料を提示しなければならない。

41

推薦届出承諾書【様式と記載例】

候補者推薦届出承諾書

令和○年○月○日執行の山川市議会議員選挙における候補者となることを承諾します。

令和○年○月○日

山川県山川市甲町一丁目二番三号

甲山乙夫

推薦届出者

乙野次郎殿

選挙人名簿登録証明書【様式と記載例】

選挙人名簿登録証明書

　　氏　名　　乙　野　次　郎

　　住　所　　山川県山川市乙町一丁目二番三号

右の者は、本市において令和　〇　年　〇　月　〇　日現在における選挙人名簿に登録されていることを証明する。

　　令和　〇　年　〇　月　〇　日

　　　　　　　　　　山川県山川市谷川町一丁目二番

　　　　　　山川市　選挙管理委員会委員長　　〇〇〇〇

その他の届出

立候補の辞退届

ポイント

▶ 立候補の届出を終えた候補者が立候補を止める場合は、選挙長に文書で立候補の辞退を届け出なければなりません（P45参照）。

▶ 辞退届の届出期間は、立候補届出期間内（選挙期日の告示の日）に限られ、受付時間は午前8時30分から午後5時までです。届出時間を過ぎると受理されません。

〔いずれも公職選挙法86条の4、270条関係〕

▶ 立候補を辞退しても、供託金は返還されません。

〔公職選挙法93条関係〕

開票立会人・選挙立会人の届出

ポイント

▶ 開票立会人・選挙立会人とは、開票や当選人決定の手続が公正に行われているかを監視する者のことで、原則として立候補者が届け出た者の中から選ばれます。

▶ 開票立会人はその開票区の区域の全部又は一部をその区域に含む市町村の選挙人名簿に登録された者でなければならず、選挙立会人はその選挙の選挙権をもっている者（開票の事務を当選人の決定などを行う選挙会の事務に併せて行う場合は、当該開票区の区域の全部又は一部をその区域に含む市町村の選挙人名簿に登録された者）でなければなりません。

▶ 届出は、常に（推薦届出の場合でも）立候補者が行い、届出期間は、選挙期日の3日前の午後5時までです。開票立会人の届出先は、市町村の選挙管理委員会です。選挙立会人の届出先は、選挙長です。

▶ 届出に必要な書類は、開票（選挙）立会人となるべき者の届出書と、立会人となることの承諾書です（P46・47参照）。
ただし、都道府県議会議員の選挙に限り、選挙立会人を届け出る際（開票の事務を選挙会の事務に併せて行う場合）は、選挙立会人となるべき者が選挙人名簿に登録されていることを証明する書類を添付しなければなりません。

〔いずれも公職選挙法62条・76条・270条、同法施行令82条関係〕

候補者辞退届出書【様式と記載例】

山川市議会議員選挙候補者辞退届出書

候補者氏名　甲　山　乙　夫

事　　由　　何　々

右のとおり令和〇年〇月〇日執行の山川市議会議員選挙において候補者たることを辞する旨の届出をします。

令和〇年〇月〇日

選挙長　丙　野　三　郎　殿

山川市議会議員選挙候補者

甲　山　乙　夫

備考　候補者本人が届け出る場合にあつては本人確認書類の提示又は提出を、その代理人が届け出る場合にあつては委任状の提示又は提出及び当該代理人の本人確認書類の提示又は提出を行うこと。ただし、候補者本人の署名その他の措置がある場合はこの限りではない。

開票（選挙）立会人となるべき者の届出書【様式と記載例】

開票（選挙）立会人となるべき者の届出書

立会人となるべき者

　　住　所　　山川県山川市原野町一丁目二番三号

　　　　　　　丁　野　五　郎　　昭和　〇　年　〇　月　〇　日生

選　挙　　令和〇年〇月〇日執行山川市議会議員選挙

立会いすべき開票区（選挙区）　　〇〇開票区（選挙区）

右のとおり本人の承諾を得て届出をします。

　令和　〇　年　〇　月　〇　日

　　　　　　　　　　　山川市議会議員選挙候補者　〇〇党　甲　山　乙　夫

山川市選挙管理委員会委員長　〇　〇　〇　〇　殿

（山川市議会議員選挙選挙長　△　△　△　△　殿）

備考　候補者本人が届け出る場合にあっては本人確認書類の提示又は提出を、その代理人が届け出る場合にあっては委任状の提示又は提出及び当該代理人の本人確認書類の提示又は提出を行うこと。ただし、候補者本人の署名その他の措置がある場合はこの限りではない。

立会人となるべきことの承諾書【様式と記載例】

承　諾　書

令和〇年〇月〇日執行の山川市議会議員選挙における開票（選挙）立会人となるべきことを承諾します。

令和〇年〇月〇日

山川県山川市原野町一丁目二番三号

丁　野　五　郎

候補者　甲　山　乙　夫　殿

IV

選挙運動

禁止される行為など

選挙運動期間

ポイント ▶ 地方選挙における選挙運動の期間は、選挙の種類に応じて次のように決められています。

選挙の種類	選挙運動期間
都道府県知事選挙	17日間
指定都市の市長選挙	14日間
都道府県議会の議員選挙 指定都市議会の議員選挙	9日間
指定都市以外の市長選挙 指定都市以外の市議会の議員選挙 特別区の区長選挙 特別区議会の議員選挙	7日間
町村長選挙 町村議会の議員選挙	5日間

〔公職選挙法33条・34条・266条関係〕

▶ 立候補届出の日(立候補届が受理されたとき)から、投票日の前日まで、選挙運動ができます。

ただし、次の場合は、投票日当日でも認められます。

①投票所、共通投票所を設けた場所の入口から300m以外の場所に選挙事務所を設置すること

②①に伴って、選挙事務所を表示するためのポスター、立札・看板の類を合計3つ以内及びちょうちんの類を1つに限り掲示すること

③選挙運動期間中に掲示した選挙運動用ポスターを、そのまま掲示しておくこと(都道府県知事選挙の場合のみ、個人演説会告知用ポスターの掲示も認められます)

④選挙運動期間中に頒布された選挙運動用ウェブサイト等をそのままにしておくこと

〔公職選挙法129条・132条・142条の3・143条関係〕

選挙運動の規制

ポイント ▶ 選挙運動の規制には、特定の者（公務員など）による選挙運動の制限と、戸別訪問や署名運動の禁止など選挙運動の方法の制限とがあります。これらは選挙運動期間中の規制ですが、例えば立候補届出前なら戸別訪問をしてもよいというわけではありません。立候補届出前の選挙運動は、事前運動として一切禁止されているからです。

選挙事務関係者の選挙運動の禁止

ポイント ▶ 投票管理者、開票管理者、選挙長、選挙分会長は、在職中はその関係区域内で選挙運動をしてはいけません。不在者投票管理者は、通常の選挙運動を行うことは禁止されていませんが、不在者投票に関しその業務上の地位を利用して選挙運動をしてはいけません（例えば、不在者投票管理者たる病院長が、特定の候補者の支援を約束した入院患者に対して医療上の便宜を図ることを約束することなどはこれに当たります）。

罰則▶P177

〔公職選挙法135条関係〕

特定公務員の選挙運動の禁止

ポイント ▶ 次の公務員は、在職中、選挙運動をしてはいけません。
①中央選挙管理会の委員・庶務に従事する総務省の職員
②選挙管理委員会の委員・職員および参議院合同選挙区選挙管理委員会の職員
③裁判官、検察官、会計検査官
④公安委員会の委員、警察官
⑤収税官吏・徴税吏員

罰則▶P177

〔公職選挙法136条関係〕

年齢満18歳未満の者の選挙運動の禁止

ポイント ▶ 年齢満18歳未満の者は、選挙運動をしてはいけません。また、いかなる者も年齢満18歳未満の者を使って選挙運動をしてはいけません。
ただし、年齢満18歳未満の者を選挙運動のための労務（選挙事務所での文書発送や物品を運搬するといった機械的作業など）に使用することはできます。

罰則▶P178

〔公職選挙法137条の2関係〕

選挙犯罪者等の選挙運動の禁止

ポイント

罰則▶P178

▶ 選挙犯罪や政治資金規正法違反の罪を犯して選挙権・被選挙権を失った者は、選挙運動をすることができません。

〔公職選挙法137条の3関係〕

▶ 選挙犯罪等以外の罪で選挙権・被選挙権を失った者が、選挙運動をすることは禁止されません。

公務員等の地位利用による選挙運動の禁止

ポイント

罰則▶P178

▶ 次の者は、その地位を利用して選挙運動をしてはいけません。
　①すべての公務員
　②行政執行法人、特定地方独立行政法人の役員および職員
　③沖縄振興開発金融公庫の役員および職員

〔公職選挙法136条の2関係〕

ケース解説

▶ 「その地位を利用して」とはどんな場合か
　職務上の影響力または便益を用いて第三者にはたらきかけることをいい、例えば次のような場合がこれに当てはまります。
　・補助金の交付、事業の許認可などの権限をもつ公務員が、外郭団体や請負業者に対し、その職務上の影響力を利用すること
　・公務員の内部関係において、上司が部下に対し、指揮命令権や人事権を利用して特定候補者への投票を勧誘すること
　・市役所の窓口で住民に接する職員、世論調査で各戸を訪ねる職員などが、これらの機会を利用して、職務に関連づけて住民にはたらきかけること

▶ 「すべての公務員」には消防団員も含まれるのか（上記①）
　この場合の「すべての公務員」とは、国または地方公共団体の職務に従事しているすべての人をいいます。一般職か特別職か、常勤か非常勤か、職務内容が単なる労務の提供にすぎないか否か、などはいっさい関係ありません。したがって、消防団員は（非常勤の場合でも）、「すべての公務員」に含まれます。

公務員等の地位利用による選挙運動類似行為の禁止

ポイント ▶ 次の者は、その地位を利用して選挙運動類似行為をしてはいけません。

罰則▶P178
①すべての公務員
②行政執行法人、特定地方独立行政法人の役員および職員
③沖縄振興開発金融公庫の役員および職員

▶ 選挙運動類似行為とは、立候補準備や選挙運動準備行為などをいい、本来は選挙運動に当たらない行為です。しかし、上記の公務員などが特定の候補者を推薦・支持するために、または自分が候補者として推薦・支持されるために次のような選挙運動類似行為を行うと、地位利用による選挙運動とみなされ禁止されます。

①その地位を利用して、候補者の推薦に関与し、特定の候補者を推薦するよう他人にはたらきかけること（例えば、職務上関係のある団体に対して、特定の候補者を推薦決議するように干渉すること）

②その地位を利用して、投票の周旋勧誘、演説会の開催その他の選挙運動の企画に関与し、その企画の実施について指示・指導すること（例えば、職務上関係のある出先機関や市町村の職員などに対して、何票獲得せよといった投票の割当てを指示すること）

③その地位を利用して、後援団体を結成したり、結成の準備に関与したり、特定の後援団体に加入するよう他人を勧誘したりすること（例えば、外郭団体に対して、特定の候補者の後援会に参加するように要請すること）

④その地位を利用して、新聞や雑誌などの刊行物を発行・掲示・頒布したり、それらを発行・掲示・頒布するよう他人にはたらきかけたりすること（例えば、外郭団体の新聞に特定の候補者についての記事を掲載するように指示すること）

⑤特定の候補者等を推薦・支持すると約束したり、申し出た人に対して、その代償として、職務の執行上の利益を与えたりすること（例えば、特定候補者等の支持を申し出てきた市町村長に対して、その代償として市町村の補助金を増額交付すること）

〔公職選挙法136条の2関係〕

53

教育者の地位利用による選挙運動の禁止

罰則▶P177

ポイント ▶ 教育者は、学校の児童・生徒・学生に対する、教育上の地位を利用して選挙運動をしてはいけません。

〔公職選挙法137条関係〕

▶ 教育者とは、幼稚園、小学校、中学校、義務教育学校、高等学校、中等教育学校、特別支援学校、大学、高等専門学校、幼保連携型認定こども園の長と教員をいいます。

ケース解説 ▶ 「教育上の地位を利用して」とはどんな場合か

教育者の立場を利用して、生徒や学生に直接選挙運動をさせたり、生徒や学生を通じて間接的にその保護者にはたらきかけたり（例えば、特定の候補者に投票するよう生徒を通じて保護者に依頼すること）、生徒や学生の保護者に直接はたらきかけたりすること（例えば、保護者会の席上で選挙運動をすること）などです。

▶ 専修学校の教員は「教育者」に含まれるのか

洋裁学校や料理学校などの専修学校、各種学校の教員は、「教育者」に含まれません。

▶ 公立学校と私立学校の教員とでは違いがあるのか

公立大学法人以外の公立学校の校長や教員は、教育者の地位を利用する選挙運動が禁止されるだけでなく、教育公務員としていっさいの選挙運動が禁止されます。私立学校の校長や教員は、教育者の地位を利用する選挙運動が禁止されるだけで、教育者の地位を利用しない一般の選挙運動をすることは禁止されません。

戸別訪問の禁止

罰則▶P179

ポイント ▶ いかなる者も、選挙人の住居、会社、事務所、商店、工場など
を戸別に訪れ、特定の候補者の氏名をあげて、投票を依頼した
り、または投票しないように依頼したりしてはいけません。か
ならずしも家屋内に入らなくても（店先、軒先、道ばたなどで
あっても）戸別訪問とみなされます。

▶ 戸別訪問に類似する行為として、次のような行為も戸別訪問と
みなされ禁止されています。
①演説会の開催や演説を行うことを戸別に告知する行為
②特定の候補者の氏名や、政党その他の政治団体の名称を、戸
別に言い歩く行為

〔公職選挙法138条関係〕

ケース解説 ▶ **訪問先の相手が不在でも戸別訪問になるのか**
訪問先の相手が不在の場合や、相手に面会を拒絶された場合で
も戸別訪問となります。他の用件で相手宅を訪れた際に付随的
に投票を依頼するような場合でも、それが二戸以上にわたって
連続してなされたならば戸別訪問となります。

署名運動の禁止

ポイント

罰則▶P179

▶ いかなる者も、選挙に関し、投票を依頼したり、または投票しないように依頼する趣旨の署名を集めたり、投票を依頼するために後援会加入などの名目で署名を集めたりしてはいけません。

〔公職選挙法138条の2関係〕

ケース解説 ▶ **直接請求のための署名の収集は禁止されないのか**

直接請求のための署名の収集は、投票を依頼することが目的ではないため選挙運動には該当しませんが、これを放任しておくと戸別訪問の禁止や連呼行為の禁止の脱法的行為として行われるおそれがあるため、地方自治法により任期満了の日の60日前から投票日まで（任期満了による選挙の場合。ただし、統一地方選挙の場合は原則として選挙の期日の60日前から投票日まで）、あるいは選挙を行うべき事由が生じた旨を告示した翌日から投票日まで（その他の選挙の場合）の間は禁止されています。

人気投票の公表の禁止

ポイント

罰則▶P179

▶ いかなる者も、どの候補者が選挙で当選するかを予想する人気投票を行い、その経過や結果を公表してはいけません。新聞、雑誌、テレビ、ラジオ、ポスターなど、いっさいの方法による公表が禁止されています。

〔公職選挙法138条の3関係〕

ケース解説 ▶ **「ミスター福岡」などの投票を行い、結果を公表してもよいか**

その投票が、選挙を前提に、誰が当選するかを予想するために行われるのであれば、人気投票の公表の禁止に当てはまります。

飲食物の提供の禁止

ポイント

罰則▶P180

▶ いかなる者も、選挙運動に関して、飲食物を提供してはいけません。
ただし、湯茶や湯茶に伴い通常用いられる程度の菓子は、提供してもかまいません。

〔公職選挙法139条関係〕

▶ 選挙事務所で選挙運動員や労務者に対しては、一定の制限のもとで弁当を支給することができます（P65・66参照）。

ケース解説

▶ **湯茶に伴い通常用いられる程度の菓子とはどんなものか**
例えば、せんべいやまんじゅうなど、いわゆる「お茶うけ」程度のものです。みかんやりんごなどの果物や漬物なども、通常用いられる程度を超えない限り、提供することができます。

▶ **陣中見舞として、酒一升を贈ってもよいか**
飲食物の提供に当たり、禁止されています。

▶ **お茶うけ程度の菓子をもらった場合、帳簿上の扱いはどうなるか**
陣中見舞にお茶うけ程度の菓子をもらったときは寄附として、また、これらを選挙運動員や労務者に提供したときは支出として、会計帳簿に計上しておかなければなりません（P108・109参照）。

気勢を張る行為の禁止

ポイント

罰則▶P180

▶ いかなる者も、選挙運動のために、選挙区内の人の注目を集めようと自動車を連ねたり、行列を組んで往来したり、サイレンを吹き鳴らしたりなど、気勢を張る行為をしてはいけません。

〔公職選挙法140条関係〕

連呼行為の禁止

ポイント ▶ いかなる者も、選挙運動のために、連呼行為（候補者の氏名や
政党名などをくり返し言うこと）をしてはいけません。

罰則 ▶ P180 ただし、個人演説会場・街頭演説の場所や選挙運動に使用され
る自動車や船舶の上（午前8時から午後8時までの間に限る）
での連呼行為は認められます。

〔公職選挙法140条の2関係〕

ケース解説 ▶ **誰でも街頭演説の場所で連呼行為をしてもよいか**
街頭演説の場所で連呼行為ができるのは、立候補者と、街頭演説
用の腕章か乗車（乗船）用の腕章を着けている人に限られます。
個人演説会場で連呼行為をするときは、腕章は必要ありません。

▶ **個人演説会場で連呼行為をする場合、時間制限はあるか**
たとえ午前8時以前・午後8時以降であっても、演説会の開催
時間中は連呼行為をすることができます。また、演説の直前・
直後なら連呼行為をすることができます。ただし、いずれの場
合も、会場の外に向かって連呼行為をすることはできません。

休憩所等の設置の禁止

ポイント ▶ いかなる者も、選挙運動のために、休憩所やこれに類似する設
備（湯呑所や連絡所など）を設置してはいけません。選挙運動

罰則 ▶ P181 員や労務者用のものだけでなく、選挙区内の人のために設ける
場合も禁止されます。

ただし、休憩所とは、休憩することを主たる目的として設置さ
れた独立した設備のことであって、演説会場における弁士の控
室、選挙事務所の一部に設けられる選挙運動員の休憩所などは
禁止されません。

〔公職選挙法133条関係〕

認められる選挙手段

選挙事務所(設置・表示)

ポイント ▶ 選挙事務所とは、特定候補者の選挙運動に関する事務を取扱うところをいいます。政党の選挙対策本部のように、自分たちの団体に所属するすべての候補者の選挙運動について対策を練るような場所は、通常は選挙事務所ではありません。

ケース解説 ▶ **選挙運動用ポスターの保管場所は選挙事務所に含まれるか**
選挙事務所とは、ある程度継続的に、しかも各種の事務を取り扱う場所をいいます。したがって、単にポスターを保管しておくだけの場所や、1回限り選挙運動の打合せをする場所などは選挙事務所に当てはまりません。

▶ **遊説先の友人宅やなじみの旅館が選挙事務所とみなされる場合**
遊説の都度一時的に利用する程度であれば、それらは選挙事務所とはみなされません。しかし、それらの場所に選挙運動に関する事務を取り扱うための設備を施したり、選挙運動員がしばしば出入りして選挙運動に関する事務を行ったりしていれば、選挙事務所とみなされます。

ポイント ▶ 選挙事務所を設置できる人は、立候補者または推薦届出者(推薦届出者が複数の場合はその代表者)だけです。推薦届出者が設置するときは、立候補者の承諾が必要です(推薦届出者が複数の場合は、併せてその代表者であることを証明する書面の添付が必要です)。

罰則▶P181

▶ 選挙事務所を設置したときは、すぐに選挙を管轄する選挙管理委員会(知事と都道府県議会議員の選挙の場合には管轄する選挙管理委員会に加えて、当該選挙事務所が設置された市町村、または特別区、指定都市の場合には区の選挙管理委員会)に、次の文書を届け出なければなりません。
①選挙事務所設置届
②選挙事務所設置承諾書(推薦届出者の設置の場合のみ)
③推薦届出者代表者証明書(推薦届出者が複数いる場合のみ)
※様式は選挙管理委員会で定めていることが多いので、あらかじめ問い合わせておく必要があります(P61・62参照)。

〔公職選挙法130条関係〕

罰則▶P181
▶ 設置できる選挙事務所の数は、原則として1ヵ所だけです。
ただし、都道府県知事選挙に限り、次の都道府県は2～4ヵ所まで選挙事務所を設置することができます。
①4ヵ所設置できる都道府県
　北海道
②3ヵ所設置できる都道府県
　東京都、新潟県、長野県、大阪府、兵庫県、福岡県、長崎県、沖縄県
③2ヵ所設置できる都道府県
　岩手県、福島県、茨城県、群馬県、埼玉県、千葉県、神奈川県、岐阜県、静岡県、愛知県、京都府、広島県、愛媛県、熊本県、鹿児島県

▶ 都道府県知事選挙に限り、選挙管理委員会から交付された標札を選挙事務所の入口に掲示しておかなければなりません。

〔公職選挙法131条、同法施行令109条、別表第4関係〕

ケース解説 ▶ **選挙事務所を2人以上の候補者が共同で設置してもよいか**
かまいません。この場合、それぞれの候補者について1ヵ所として計算されるため、設置の届出は、各候補者がそれぞれ行わなければなりません。

罰則▶P184
▶ 選挙事務所を表示するために、その場所において使用するポスター、立札・看板の類を、合計3個まで掲示することができ、また、ちょうちんは1個に限り掲示することができます。
ただし、次のような規格制限があります。
①ポスター、立札・看板類は、350cm×100cm以内
②ちょうちん類は、高さ85cm以内、直径45cm以内

〔公職選挙法143条関係〕

ケース解説 ▶ **両面刷りのポスターも1枚と数えるのか**
ポスターだけでなく、立札・看板についても、両面を使用したものは2枚（2個）と数えられます。なお、三角柱や円錐形などのように立体的なものは使用できません。

選挙事務所設置届【様式と記載例】

（候補者本人の設置の場合）

選挙事務所設置届

選挙事務所の所在地	山川県山川市新町一丁目二番三号○○ビル△号室　電話○○○－○○○○
設　置　年　月　日	令和○年○月○日
候補者の氏名	甲山乙夫

右のとおり選挙事務所を設置しましたので届け出ます。

令和○年○月○日

住所　山川県、山川市新町一丁目二番三号
氏名　甲山乙夫　　電話○○○－○○○○

山川市　選挙管理委員会委員長　殿

備考　候補者本人が届け出る場合にあつては本人確認書類の提示又は提出を、その代理人が届け出る場合にあつては委任状の提示又は提出及び当該代理人の本人確認書類の提示又は提出を行うこと。ただし、候補者本人の署名その他の措置がある場合はこの限りではない。

（推薦届出者の設置の場合）

選挙事務所設置承諾書

右の者が選挙事務所設置届記載のとおり選挙事務所を設置することを承諾します。

令和 〇 年 〇 月 〇 日

山川市議会議員 選挙候補者 甲山乙夫

推薦届出者（推薦届出者代表者） 乙 野 次 郎

推薦届出者代表者証明書

右の者は、山川市議会議員選挙候補者甲山乙夫の推薦届出者の代表であることを証明します。

令和 〇 年 〇 月 〇 日

推薦届出者 〇〇〇〇

山 野 四 郎

乙 野 次 郎

（全員の名前を書くこと）

62

選挙事務所(異動・閉鎖)

罰則▶P181

ポイント

▶ 選挙事務所を異動（移動・閉鎖）できる人は、設置のときと同じように、立候補者または推薦届出者（推薦届出者が複数の場合はその代表者）だけです。推薦届出者が異動するときは、立候補者の承諾が必要です。

▶ 選挙事務所を異動したときは、設置のときと同じように、すぐに選挙を管轄する選挙管理委員会（知事と都道府県議会の議員選挙の場合には管轄する選挙管理委員会に加えて新旧選挙事務所所在地の市町村、または特別区、指定都市の場合には区の選挙管理委員会）に、次の文書を届け出なければなりません。
①選挙事務所異動届
②選挙事務所異動承諾書（推薦届出者の設置の場合のみ）
③推薦届出者代表者証明書（推薦届出者が複数いる場合のみ）
※様式は選挙管理委員会で定めていることが多いので、あらかじめ問い合わせておく必要があります（P64参照）。

▶ 選挙事務所の設置場所に制限はありませんが、選挙当日に限り、投票所、共通投票所の敷地の入口から半径300ｍ以内の区域にある選挙事務所は閉鎖するか、半径300ｍ以外の区域に移転させなければなりません。この場合も異動届が必要となります。

▶ 選挙事務所は、それぞれの事務所ごとに、１日に１回しか移動できません。

〔公職選挙法131条、132条関係〕

▶ 次の場合には、選挙管理委員会から選挙事務所の閉鎖を命じられます。閉鎖命令に従わない場合には、強制的に閉鎖されます。
①選挙事務所を設置できる人以外の人が設置したとき
②選挙管理委員会から交付された標札を掲示しなかったとき（都道府県知事選挙の場合のみ）
③投票日当日、投票所、共通投票所の敷地の入口から半径300ｍ以内の区域に選挙事務所を設置しているとき
④定められた数を超えて選挙事務所を設置しているとき

〔公職選挙法134条関係〕

選挙事務所異動届

旧選挙事務所の所在地	山川県山川市新町二丁目二番三号〇〇ビル△号室
新選挙事務所の所在地	山川県山川市港町一丁目二番三号 山野六郎 方
異 動 年 月 日	令和 〇 年 〇 月 〇 日
候 補 者 の 氏 名	甲 山 乙 夫

右のとおり選挙事務所を異動しましたので届け出ます。

令和 〇 年 〇 月 〇 日

候補者 住 所 山川県山川市
甲町一丁目二番三号　電話〇〇〇 ― 〇〇〇〇 番

氏 名 甲 山 乙 夫

山川市 選挙管理委員会委員長殿

備考 候補者本人が届け出る場合にあっては本人確認書類の提示又は提出を、その代理人が届け出る場合にあっては委任状の提示又は提出及び当該代理人の本人確認書類の提示又は提出を行うこと。ただし、候補者本人の署名その他の措置がある場合はこの限りではない。

選挙事務所(弁当の提供)

ポイント ▶ 選挙事務所で提供できる弁当は、立候補の届出をしたときから
投票日の前日までの間に、選挙運動員（応援弁士を含む）と労

罰則▶P180 務者（選挙運動用自動車・船舶の運転手や船員を含む）に対し
て、選挙事務所で食べるためまたは携行するために、選挙事務
所で渡すものだけに限られます。

▶ 選挙運動期間中に1人の候補者が提供できる弁当の数は、選挙
の種類や選挙事務所の数に応じて、次の範囲内に限られます。

選挙の種類	総数
都道府県知事選挙 ・選挙事務所が1ヵ所の場合 ・　　〃　　　2ヵ所の場合 ・　　〃　　　3ヵ所の場合 ・　　〃　　　4ヵ所の場合	765個 1,071個 1,377個 1,683個
指定都市の市長選挙	630個
都道府県議会の議員選挙 指定都市議会の議員選挙	405個
指定都市以外の市長選挙 指定都市以外の市議会の議員選挙 特別区の区長選挙 特別区議会の議員選挙	315個
町村長選挙 町村議会の議員選挙	225個

〔公職選挙法139条関係〕

▶ 総数以内であれば、選挙運動員や労務者に対して、どのような配分で提供してもかまいません。朝・昼・晩の3食を各人に提供したり、1人につき夕食だけと決めてより多くの運動員たちに提供したり、選挙運動の序盤は提供しないで終盤になってから多人数に提供したりすることもできます。

▶ 弁当の価格は、選挙管理委員会が告示する弁当料の範囲内でなければなりません。基準額は、1人につき、1食当たり1,000円以内かつ1日当たり3,000円以内です。

▶ 選挙運動員に弁当を提供しなかった場合でも、その人に実費弁償として弁当料を支給することができます（P98参照）。実費弁償として支給できる弁当料は、原則として、1日当たりの弁当料の制限額（基準額3,000円）から、提供した弁当の実費相当額を差し引いた額ですが、1食当たりの弁当料の制限額（基準額1,000円）を超えることはできません。

▶ 労務者に弁当を提供した場合には、報酬からその弁当の実費相当額を差し引いて支給しなければなりません（P99参照）。

〔公職選挙法139条・197条の2関係〕

▶ **飲食店で選挙運動員にふるまう料理も弁当とみなされるか**
弁当とは、選挙事務所で食べるかまたは携行するために、選挙事務所で渡したものに限られるため、飲食店などで提供する料理は弁当に当てはまりません。この場合、飲食物の提供の禁止に当てはまり、提供すれば罰せられます。

▶ **選挙運動員に朝昼2食・計1,700円の弁当を提供した場合、実費弁償として支給できる弁当料はいくらか**
仮に選挙運動員が1,200円の夕食を自費で支払っても、1食当たりの実費弁償の制限額が1,000円なので、1,000円しか支給できません。選挙運動員が夕食と夜食の2食・計2,000円を自費で支払ったとしたら、1日当たりの実費弁償の制限額（3,000円）から提供した弁当の実費弁償相当額（1,700円）を差し引いた額、1,300円しか支給できません（P98参照）。

自動車・船舶

罰則▶P182

ポイント

▶ 選挙運動用として自動車や船舶を使用するときは、選挙管理委員会から交付される表示板を、前面の見やすいところに取り付けなければなりません。

▶ 立候補者1人につき、自動車1台または船舶1隻に限り使用できます。両方を同時に使用することはできませんが、乗継ぎのつど表示板を移せば、途中で自動車から船舶に乗換えて使用することもできます。

▶ どんな種類の船舶でも使用できますが、自動車については、次の種類のものしか使用できません。
①乗車定員4人以上10人以下の小型自動車
・乗用車、貨物用自動車（ライトバンなど）を含みます。
・屋根や車体の一部が構造上開けっ放しになっているものや、屋根が取りはずせたり、開けたりできるものは使用できません。
②車両重量が2トン以下の四輪駆動式自動車（ジープなど）
・屋根や車体の一部が構造上開けっ放しになっているものは使用できません。
・屋根が取りはずせたり、開けたりできるものは使用できます。ただし、走行中に屋根を開けて使用することはできません。
③乗車定員10人以下の乗用車で①②以外のもの
・乗用車であれば、普通自動車や小型自動車はもちろん、軽自動車や二輪自動車も使用できます。
・二輪自動車を除き、屋根や車体の一部が構造上開けっ放しになっているものや、屋根が取りはずせたり、開けたりできるものは使用できません。
④小型貨物自動車、軽貨物自動車（町村の選挙のみ使用可）
・屋根や車体の一部が構造上開けっ放しになっているものや、屋根が取りはずせたり、開けたりできるものでも使用できます。

〔公職選挙法141条、同法施行令109条の3関係〕

▶ 選挙運動用の自動車や船舶にポスターや立札・看板などを掲示する場合には、次のような規格制限があります。なお、原則として何枚でも掲示することができますが、ちょうちんの掲示は1個に限られます。
①ポスター、立札・看板の類は、273cm×73cm以内
②ちょうちんの類は、高さ85cm以内、直径45cm以内
※取り付け方によっては道路交通法に違反する場合があるので、あらかじめ所轄の警察署に確認しておくことが適当です。

〔公職選挙法143条関係〕

▶ 自動車または船舶に乗る運動員は、選挙管理委員会から交付される乗車用・乗船用腕章（交付数4枚）を着けなければなりません。ただし、候補者、運転手1人、船員は着ける必要はありません。

〔公職選挙法141条の2関係〕

▶ 自動車に乗車できる人数は、候補者、運転手1人、乗車用腕章を着けた運動員4人以内です（合計最大6人）。
船舶に乗船できる人は、候補者、船員（人数の制限なし）、乗船用腕章を着けた運動員4人以内です。

▶ 走行中の自動車からは、連呼行為をすることはできますが、それ以外の選挙運動（例えば、選挙用ビラの配布など）はできません。停止した状態であれば、街頭演説などをすることができます。船舶の上での選挙運動については、原則として制限はありませんが、船舶の上においてする街頭演説は「その場にとどまって」しなければなりません。

〔公職選挙法141条の3関係〕

▶ 都道府県・市町村・特別区によっては、条例により、選挙運動用自動車の経費が選挙後にレンタカー会社などに公費で支払われる場合があります（法定得票数に達せず供託金を没収された人には、公費負担は認められません）。
※これは条例によって異なりますので、それぞれの選挙管理委員会に、公費負担の制度はあるのか、いくらまで公費で負担されるのか、手続きはどうしたらよいのかなど、あらかじめ問い合わせておくことが適当です。

〔公職選挙法141条関係〕

拡声機

ポイント ▶ 選挙運動用の拡声機は、候補者1人につき1そろいに限って使用することができます。

罰則▶P182

▶ 個人演説会などの演説会開催中にその会場で使用する場合に限り、別にもう1そろい使用することができます。同時に数ヵ所で演説会を開催するときは、それぞれの会場でそれぞれ1そろい使用することができます。

▶ 選挙運動用の拡声機を使用するときは、選挙管理委員会から交付された表示板を、マイクの下部など一定の場所に取り付けておかなければなりません。
ただし、個人演説会などの演説会で使用する拡声機には、表示板を取り付ける必要はありません。

〔公職選挙法141条関係〕

ケース解説 ▶ 「拡声機1そろい」とは、どのようなものか
通常は、マイク1個・アンプ（増幅装置）1個・スピーカー1個の組み合わせをいい、これらが一体となった電気メガフォンなどの拡声機は、1台で1そろいとみなされます。

▶ 1個のマイクに数個のスピーカーを取り付けて使用してもよいか
使用できません。ただし、演説会場などで1個のマイクに数個のスピーカーが付いている設備を使用することはできます。また、数個のスピーカーを使用することが通常の使用方法であると認められる場合には、マイクが1個である限り、1そろいとみなされ、これらを使用することができます。

▶ テープレコーダーは拡声機とみなされるか
テープレコーダーなどの、肉声以上の音響を発する性能をもつものは拡声機とみなされます。また、無線マイクなども拡声機に当てはまります。

選挙運動用葉書(枚数)

罰則▶P182

ポイント ▶ 選挙運動用の葉書は、候補者 1 人につき、次の枚数に限り頒布することができます。

選挙の種類	制限枚数
都道府県知事選挙 ・小選挙区が 1 の都道府県 ・選挙区が 1 増えるごとに（※）	35,000枚 2,500枚追加
指定都市の市長選挙	35,000枚
都道府県の議会議員選挙 指定都市以外の市長選挙 特別区の区長選挙	8,000枚
指定都市の議会議員選挙	4,000枚
町村長選挙	2,500枚
指定都市以外の市議会議員選挙 特別区の議会議員選挙	2,000枚
町村の議会議員選挙	800枚

※例えば、衆議院議員選挙の小選挙区の数が 6 区ある京都府の場合、頒布できる葉書の総数は、35,000 + 2,500 × 5 ＝ 47,500 枚となります。

〔公職選挙法142条関係〕

ケース解説 ▶ **2 人以上の候補者が 1 枚の葉書を共同で使用する場合**

2 人以上の候補者が 1 枚の葉書に連名で挨拶文を記載したり、それぞれの写真を並べて記載したりするなど、共同で使用する場合には、各候補者につきそれぞれ 1 枚の使用と計算されます。

選挙運動用葉書(使用方法)

罰則▶P182

ポイント ▶ 選挙運動用に使用する通常葉書は無料です。無料葉書を入手するには、立候補届出の際に選挙長が発行する「候補者用通常葉書使用証明書」を、選挙運動期間中に、日本郵便株式会社が定め、公表する営業所（郵便局）に提示しなければなりません。証明書と引換えに、選挙用の表示をしてある日本郵便株式会社が発行する葉書が交付されます。
ただし、葉書代が無料になるだけで、印刷費などは自己負担となり、これらは選挙運動費用に計上しなければなりません。

▶ 私製葉書を使用することもできます。私製葉書を使用するには、「候補者用通常葉書使用証明書」と共に、日本郵便株式会社が定め、公表する営業所(郵便局)に差し出さなければなりません。証明書と引換えに、私製葉書に選挙用の表示がなされます。私製葉書の郵送料は無料になりますが、葉書の購入費用は自己負担となり、印刷費などと共に選挙運動費用に計上しなければなりません。

▶ 選挙運動用の通常葉書を発送するときは、立候補届出の際に交付された選挙運動用通常葉書差出票を添えて、営業所（郵便局）の窓口に提出しなければなりません。郵便ポストに投函したり、路上で手渡して配ったりしてはいけません。

〔公職選挙法142条関係〕

ケース解説 ▶ **私製葉書に大きさの制限はあるか**
内国郵便約款により、14cm～15.4cm（長辺）× 9 cm～10.7cm（短辺）以内の長方形の紙に限られています。

▶ **選挙事務所を開設した旨を手持ちの葉書で通知してよいか**
選挙区内の人に通知する場合は、必ず選挙用の表示のある葉書を使用しなければなりません。選挙運動員など事務所の設置場所等を知らなければならない者に対して通知する場合は、選挙用の表示のない葉書を使用してもかまいません。

▶ **投票日に選挙区内の人に届くよう発送することができるか**
できません。

ポイント ▶ 選挙運動用葉書の記載内容については、制限がありません。したがって、政見発表や投票依頼などの文章のほか、候補者の写真を掲載することもできます。

▶ 選挙運動用葉書は、候補者はもちろん、第三者（地域の有力者など）に依頼して推薦状の形で出すこともできます。例えば、第三者が候補者から依頼を受けて推薦人となった場合、選挙運動用葉書に推薦の言葉を書き添えることもできます。

罰則▶P182 ▶ 選挙運動用の通常葉書は、他人に譲渡してはいけません。また、通常葉書の交付を受けた候補者が立候補を辞退した場合などには、使用しなかった分を返還しなければなりません。

罰則▶P184 ▶ 選挙運動のために回覧板や文書図画の類（選挙運動用葉書を含む）を、多数の人に回覧・掲示させることは禁止されています。同一世帯内の複数の人に対して「ご家族一同様」と書くなど、通常の方法による場合はかまいませんが、有権者が大勢いる会社などに対して「○○会社御中」と記載して発送する場合は、回覧・掲示を前提としたものとみなされ、回覧・掲示の禁止に当てはまります。

〔公職選挙法142条・177条関係〕

罰則▶P184 ▶ 選挙運動用として頒布できる文書図画の類は、ビラと葉書だけです。選挙運動用に封書、電報などを頒布してはいけません。

ケース解説 ▶ **選挙運動用の通常葉書を書き損じた場合はどうすればよいか**
書き損じたり、印刷を間違った場合には、交付を受けた郵便局にその葉書を持っていくと、その枚数だけ代わりに選挙用の表示をしてある通常葉書を受け取ることができます。

▶ **候補者に対して激励の電報を打ってもよいか**
選挙運動に当てはまらないため、電報を打ってもかまいません。ただし、受け取った候補者がこれを回覧したり掲示すると、選挙運動のために回覧・掲示したとみなされ、違反となります。

選挙運動用ビラ

罰則▶P183

ポイント ▶ 選挙運動用のビラは、候補者1人につき、次の枚数に限り頒布することができます。

選挙の種類	制限枚数
都道府県知事選挙 ・小選挙区が1の都道府県 ・選挙区が1増えるごとに（※） （上限300,000枚）	100,000枚 15,000枚追加
指定都市の市長選挙	70,000枚
都道府県の議会議員選挙 指定都市以外の市長選挙 特別区の区長選挙	16,000枚
指定都市の議会議員選挙	8,000枚
町村長選挙	5,000枚
指定都市以外の市議会議員選挙 特別区の議会議員選挙	4,000枚
町村の議会議員選挙	1,600枚

※例えば、衆議院議員選挙の小選挙区の数が6区ある京都府の場合、頒布できるビラの総数は、100,000＋15,000×5＝175,000枚となります。

〔公職選挙法142条関係〕

▶ 候補者1人につき、2種類、29.7cm×21cm（A4判）以内。

▶ ビラとは、宣伝のために不特定多数の人に頒布する1枚刷り程度のものをいい、リーフレットやチラシも含まれます。記載内容については特段の制限はありません。選挙運動のために使用するビラの表面には、頒布責任者と印刷者の氏名・住所（法人の場合は名称・所在地）を記載しなければなりません。

▶ 選挙管理委員会に届け出たビラでなければ頒布することはできません。また、届け出た際に交付される証紙を貼らなければなりません。

▶ ビラの頒布方法は、候補者の選挙事務所内・個人演説会場内・街頭演説の場所における頒布と、新聞折込みによる頒布に限られます。

▶ 都道府県、市町村、特別区によっては、条例により、選挙運動用ビラの作成費が選挙後に作成業者に公費で支払われる場合があります（供託金を没収された人には、公費負担は認められません）。
※これは条例によって異なりますので、それぞれの選挙管理委員会に、公費負担の制度はあるのか、いくらまで公費で負担されるのか、手続きはどうしたらよいのかなど、あらかじめ問い合わせておくことが適当です。

〔公職選挙法142条関係〕

インターネット（ウェブサイト等）

ポイント ▶ 誰もが、ウェブサイト等を利用する方法（電子メールは含まれません）により、選挙運動用の文書図画を頒布することができます。
ただし、年齢満18歳未満の者等は、選挙運動をすることができません。

▶ 投票日の前日までにウェブサイト等を利用する方法により頒布された選挙運動用文書図画は、投票日当日も、受信者が通信端末機器の映像面に表示可能な状態にしておくことができます。

〔公職選挙法142条の3関係〕

▶ ウェブサイト等を利用する方法により選挙運動用文書図画を頒布する者は、電子メールアドレスその他のインターネット等による方法で、その者に連絡する際に必要となる情報（電子メール

アドレス等）が正しく表示されるようにしなければなりません。

〔公職選挙法142条の3関係〕

▶ 選挙期日の告示の日から投票日までの間、ウェブサイト等で当選を得させないための活動用文書図画を頒布する者は、自らの電子メールアドレス等が正しく表示されるようにしなければなりません。

〔公職選挙法142条の5関係〕

ケース解説 ▶ **動画の扱いはどうなるのか**
動画のホームページ掲載も「インターネット（ウェブサイト等）」に含まれ、可能です。

▶ **選挙期間中にSNSで候補者の情報を拡散してよいか**
ツイッターやフェイスブックなどのソーシャル・ネットワーキング・サービス（SNS）は「インターネット（ウェブサイト等）」に含まれるので、候補者が発信した情報を自由にシェアしたり、リツイートして拡散できます。

▶ **ホームページの更新やツイートを業者に委託するのは運動員買収に当たるか**
単に候補者の指示に従って、一連の機械的な作業を行ったにすぎないと認められる場合は、当該行為の限りにおいては直ちに選挙運動に当たるとはいえないことから、運動員買収には当たりません。
ただし、ホームページに掲載する文章等を業者に外注委託して作成させた場合は、選挙運動の企画立案を業者が行ったこととなり、運動員買収に当たることとなります。

インターネット（電子メール）

ポイント ▶ 選挙運動用の電子メールは、候補者と確認団体だけが送信できます。その他の者は送信できません。

▶ 選挙運動用電子メールは、次の者に対してのみ、かつ、次の者が送信者に対して自ら通知した電子メールアドレスに対してのみ送信できます。
①選挙運動用電子メールの送信を求める旨や送信に同意する旨を、あらかじめ電子メール送信者に通知している者
②政治活動用の電子メールを継続的に受信しており、電子メール送信者から選挙運動用の電子メールを送信する旨の通知を受けた際、当該通知に対して送信拒否をしなかった者
ただし、送信拒否の通知を受けたときは、以後、送信してはいけません。

▶ 選挙運動用の電子メールを送信する者は、次の場合、それぞれに定める事実を証明する記録を保存しなければなりません。
(1) 前述①の者に送信する場合
・受信者が電子メールアドレスを選挙運動用電子メール送信者に対し、自ら通知したこと
・選挙運動用電子メールの送信の要求や送信への同意があったこと
(2) 前述②の者に送信する場合
・受信者が電子メールアドレスを選挙運動用電子メール送信者に対し、自ら通知したこと
・当該電子メールアドレスに継続的に政治活動用電子メールを送信していること
・選挙運動用電子メールを送信する旨の通知をしたこと

〔公職選挙法 142 条の 4 関係〕

▶ 選挙運動用電子メールの送信者は、送信する際に次の事項を正しく表示しなければなりません。
①選挙運動用電子メールである旨
②選挙運動用電子メール送信者の氏名・名称
③送信拒否の通知を行うことができる旨

④送信拒否の通知を行う際に必要となる電子メールアドレスその他の通知先

〔公職選挙法142条の4関係〕

▶ 選挙期日の告示の日から投票日までの間、電子メールで当選を得させないための活動用文書図画を頒布する者は、その文書図画に、自らの電子メールアドレスと氏名・名称を正しく表示しなければなりません。

〔公職選挙法142条の5関係〕

ケース解説 ▶ **フェイスブックのメッセージは「電子メール」に当たるか**
「電子メール」は、ＳＭＴＰ方式、電話番号方式の電子メールであり、これらの方式を利用しないフェイスブックのメッセージは含まれません。その場合、フェイスブックのメッセージには「電子メール」の制限はかからず、ウェブサイト等と同様の表示義務が課されるだけです。

▶ **電子メールアドレスを含む名簿を買って選挙運動用電子メールを送信してよいか**
「電子メールアドレスを自ら通知した者」にしか送信できないため、名簿を購入して得た電子メールアドレスや、第三者から教えられた電子メールアドレスに対して選挙運動用電子メールを送信することはできません。

▶ **選挙運動用電子メールの送信制限は実務上複雑ではないか**
すでに政治活動用電子メールを送っている受信者に対しては、「このメールアドレスに対して選挙期間中に選挙運動用電子メールを送ります。不要な方はその旨をご返信ください」という内容の電子メールを選挙告示前に送っておけば、拒否の返信があった人を除くだけで、選挙期間中、選挙運動用電子メールを送ることができます。ただし、選挙運動用電子メールの送信先は、受信者が送信者に対して自ら通知した電子メールアドレスに限られるので、送信者に受信者の電子メールアドレスが通知されない電子メール配信代行業者を使用して政治活動用電子メールを送っている場合は、この限りではありません。
また、新たに政治活動用電子メールの受信者を募集する際も、「選挙期間中には選挙運動用電子メールを送信します。不要な

方はその旨をご返信ください」という旨を注意書きしておけば、拒否の返答がなければ選挙期間中も継続して選挙運動用電子メールを送ることができます。

選挙運動のための有料インターネット広告

ポイント
▶ いかなる者も、候補者や確認団体の氏名・名称またはこれらの類推事項を表示した選挙運動用有料インターネット広告は掲載できません（①）。

▶ また、選挙運動期間中、①の禁止を免れる行為として、候補者や確認団体の氏名・名称またはこれらの類推事項を表示した有料インターネット広告（選挙運動用ウェブサイト等に直接リンクするものを含む）は掲載できません（②）。

▶ さらに、選挙運動期間中は、候補者や確認団体の氏名・名称もしくはこれらの類推事項が表示されていない広告であっても、選挙運動用ウェブサイト等に直接リンクする有料インターネット広告を掲載できません（③）。

▶ ただし、確認団体は、前述②③にかかわらず、選挙運動期間中でも、当該確認団体の選挙運動用ウェブサイト等に直接リンクした有料インターネット広告（①に該当するものを除く）を掲載できます。

〔公職選挙法 142 条の 6 関係〕

ポスター・立札・看板等

ポイント

罰則▶P184

▶ 選挙運動のために使用（掲示）できるポスター・立札・看板類
は、次のものに限られます。
　①選挙事務所を表示するために、その場所において使用するポ
　　スター・立札・看板・ちょうちんの類
　②選挙運動用の自動車や船舶に取り付けて使用するポスター・
　　立札・看板・ちょうちんの類
　③個人演説会場で、演説会の開催中に使用するポスター・立
　　札・看板・ちょうちんの類
　④選挙運動用ポスター
　⑤個人演説会告知用ポスター（都道府県知事選挙のみ）

▶ 選挙運動のために、アドバルーン、ネオン・サイン、電光によ
る表示、スライドその他の映写などの類（屋内の演説会場内で
掲示する映写等を除く）を掲示することはできません。
ただし、看板を照明するために電灯を使用したり、看板の文字
を夜光塗料で書いてもかまいません。

▶ 選挙運動のために回覧板や文書図画の類（ポスター・立札・看
板類を含む）を、多数の人に回覧・掲示させることは禁止されて
います。例えば、営業バスの側面の掲示板に候補者の氏名を記載
したポスターを掲示して走行することはできません（ただし、選
挙運動用の自動車・船舶に掲示して走行することはできます）。

〔公職選挙法142条・143条関係〕

ケース解説

▶ **プラカードや旗を選挙運動のために使用できるか**
プラカード、旗、のぼりなどは、ポスター・立札・看板の類に含
まれるため、使用することができます（上記①～⑤の場合のみ）。

▶ **ポスターの大きさを小さくして頒布してもよいか**
選挙運動で使用できるポスターの大きさには規格制限があり、
その規格内であればポスターの大きさをどうするかは自由です。
しかし、選挙運動用に文書図画のうち頒布できるものはビラと
葉書だけですので、ポスターなどを頒布してはいけません（掲
示のみ可）。パンフレットなどは頒布しても掲示してもいけま
せん。

選挙運動用ポスター(都道府県知事選挙の場合)

罰則▶P184

ポイント

▶ 都道府県知事選挙の選挙運動用ポスターは、公営ポスター掲示場だけに掲示することができます(公営ポスター掲示場の数はそれぞれの都道府県の選挙管理委員会で定められます)。したがって、電柱や塀などに掲示することは一切できません。

▶ 公営ポスター掲示場ごとに1枚しか掲示できません。
ただし、貼り替えは自由にできます。

▶ ポスターの大きさは、42cm×30cm以内に限られます。この規格内であれば、どんな形のポスターでも使用できます(例えば、円形でも菱形でもかまいません)。

▶ ポスターの表面には、掲示責任者と印刷者の氏名・住所(印刷者が法人の場合には法人名・所在地)が記載されていなければなりません。証紙・検印は不要です。

▶ ポスターの記載内容については、虚偽事項や利害誘導に関することなどを記載しない限り一切自由ですので、個人演説会の告知、政見の宣伝、投票依頼の文章などを記載することもできます。また、色刷りについても制限がなく、何色使用してもかまいません。

▶ 都道府県知事選挙に限り、選挙運動用ポスターと個人演説会用ポスターを合わせて作成することができます(P83・84参照)。

▶ 都道府県によっては、条例により、選挙運動用ポスターの作成費が選挙後に作成業者に公費で支払われる場合があります(供託金を没収された人には、公費負担は認められません)。
※これは条例によって異なりますので、それぞれの選挙管理委員会に、公費負担の制度はあるのか、手続きはどうしたらよいのかなど、あらかじめ問い合わせておくことが適当です。

〔公職選挙法143条・144条関係〕

選挙運動用ポスター(知事以外の選挙の場合)

ポイント ▶ 都道府県知事以外の選挙で使用する選挙運動用ポスターの掲示場所は、次の3つの場合によって異なります（いずれの場合も貼り替えは自由にできます）。

①義務制に準じた公営ポスター掲示場が設置される場合
　知事選挙と同じように、公営ポスター掲示場だけにしか掲示することができません。

②①以外の公営ポスター掲示場が設置される場合
　制限枚数以内であれば、公営ポスター掲示場だけでなく、一般の街頭に掲示してもかまいません。

③公営ポスター掲示場が設置されない場合
　制限枚数以内に限り、一般の街頭に掲示することになります。

〔公職選挙法143条・144条関係〕

ケース解説 ▶ **公営ポスター掲示場はどのように設置されるか（①と②の違い）**
都道府県知事選挙では、公営ポスター掲示場の設置が義務付けられていますが、その他の選挙については、地方公共団体によっては、候補者数が多いなどの理由から公営ポスター掲示場を設置し、そこにしか掲示できないよう条例で定めることができます（義務制に準じた制度：上記①）。
それとは別に、都道府県・市町村は、候補者のラインナップを有権者にわかりやすく表示するなどの理由から、あえて公営ポスター掲示場を設置し、各候補者がその場所にもポスターを掲示できるように便宜を図ることもできます（上記②）。公営ポスター掲示場が設置される場合には、どちらの制度なのか、あらかじめ選挙管理委員会に確かめておくことが適当です。

ポイント ▶ 国、地方公共団体が所有・管理する建物などには、ポスターを掲示することができません。ただし、承諾を得れば、次の場所に掲示することができます。

罰則 ▶ P184

①電柱、橋りょう
②公営住宅（県営住宅や市営住宅などをいい、公営住宅に隣接する集会場などの共同施設や官舎・公舎には掲示できません）
③地方公共団体の管理する食堂や浴場

〔公職選挙法145条関係〕

▶ 掲示できる選挙運動用ポスターの枚数は、選挙の種類に応じて、次のように異なります（ただし、義務制に準じた公営ポスター掲示場が設置される場合を除く）。

選挙の種類	候補者1人当たりの枚数
指定都市の市長選挙	4,500枚
都道府県議会の議員選挙 指定都市以外の市長選挙 市議会の議員選挙 特別区の区長選挙 特別区議会の議員選挙	1,200枚
町村長選挙 町村議会の議員選挙	500枚

※両面使用の場合、使用枚数は2枚として計算されます。

▶ ポスターには、掲示責任者と印刷者の氏名・住所（印刷者が法人の場合には法人名・所在地）が記載されていなければなりません。また、選挙管理委員会の検印・証紙がなければなりません（義務制に準じた公営ポスター掲示場に貼るポスターのみ検印・証紙は不要）。

▶ ポスターの大きさは、42cm×30cm以内でなければなりません。また、ポスターの記載内容については制限がなく、数枚並べて貼ることもできますが、例えば甲山乙男のように、数枚組み合わせてはじめて意味が通じるような使用方法は認められません。

〔公職選挙法144条関係〕

▶ 都道府県・市町村によっては、条例により、選挙運動用ポスターの作成費が公費で支払われることもあります（P80参照）。

〔公職選挙法143条関係〕

個人演説会告知用ポスター

ポイント ▶ 都道府県知事選挙に限り、使用することができます。

罰則▶P184 ▶ 個人演説会告知用ポスターは、公営ポスター掲示場だけに掲示することができます。したがって、電柱や塀はもちろん、個人演説会場などに掲示することもできません。

▶ 公営ポスター掲示場ごとに1枚しか掲示できません。
ただし、貼り替えは自由にできます。

▶ ポスターの大きさは、42cm×10cm以内に限られます。この規格内であれば、どんな形のポスターでも使用できます。

▶ ポスターの表面には、掲示責任者の氏名・住所が記載されていなければなりません。
ただし、選挙運動用ポスターと合わせて1枚とする場合には、ポスター中に1ヵ所記載されていればかまいません。

▶ 個人演説会の日時と場所を告知するものであれば、虚偽事項などを記載しない限り、何を記載しても自由ですので、政見の宣伝、投票依頼の文章などを記載することもできます。また、色刷り・紙質についても制限がありません。

▶ 都道府県によっては、条例により、個人演説会告知用ポスターの作成費が作成業者に公費で支払われる場合があります（P80参照）。

〔公職選挙法143条関係〕

ケース解説 ▶ **個人演説会場ではまったくポスターを貼っていけないのか**
個人演説会場では、一定の規格内である限り、ポスター・立札・看板類を掲示することができます（P90参照）。しかし、個人演説会告知用ポスターは、それとは別のものであり、あくまで個人演説会の告知用として、公営ポスター掲示場だけに掲示することが認められています。

ポイント

罰則▶P184

▶ 個人演説会告知用ポスターは、選挙運動用ポスターと合わせて作成することができます。選挙運動用ポスターと個人演説会告知用ポスターを1枚として作成しても、それぞれ別に作成してから結合してもかまいません。

ただし、別々に作成する場合は、掲示責任者の氏名、住所について別々の記載が必要です。

〔公職選挙法143条関係〕

▶ 選挙運動用ポスターと個人演説会告知用ポスターを1枚として作成する場合、次のことに注意しなければなりません。

①ポスターの大きさは、42cm×40cm以内であること

②掲示責任者と印刷者の氏名・住所が記載されていること（掲示責任者の氏名・住所は1ヵ所に記載されていればよい）

③個人演説会の日時と場所を記載する欄（具体的な日時、場所の記載はなくてもよい）が、あらかじめ記入・印刷されていること

▶ 選挙運動用ポスターと個人演説会告知用ポスターを別々に作成した後に結合する（2枚1組にする）場合は、次のことに注意しなければなりません（下図参照）。

①ポスターの大きさは、合計42cm×40cm以内（ただし、それぞれのポスターはそれぞれの規格内でなければならない）であること

②掲示責任者と印刷者の氏名・住所が記載されていること（掲示責任者の氏名・住所は、2枚のポスターそれぞれに記載されていなければなりません）

③個人演説会の日時と場所を記載する欄が設けてあること（掲示の際に具体的な日時、場所の記載はなくてもよい）

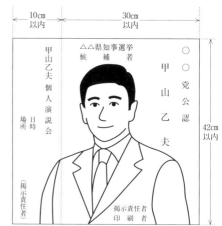

新聞広告

ポイント
罰則▶P185

▶ 新聞を利用して行うことができる選挙運動は新聞広告だけです。候補者は、選挙運動期間中、都道府県知事選挙では4回、その他の選挙では2回に限り、新聞広告を掲載することができます。

▶ 広告のスペースは、横9.6cm×縦2段組以内で、掲載場所は記事下に限られ、色刷りは認められません。

▶ 2人以上の候補者が共同して広告を行ってもかまいませんが、1人分のスペースしか使用できません。この場合、それぞれの候補者について1回として計算されます。

▶ 記載内容については制限がなく、候補者の政見や写真、第三者の推薦文などを記載してもかまいません。

▶ 都道府県知事選挙に限り広告費用は無料ですが、その他の選挙では候補者の負担となり、選挙運動費用として計上しなければなりません。

▶ 広告の掲載期日は、候補者の希望を聞き入れて新聞社が決めますが、新聞広告が認められる期間は投票日の前日までですので、投票当日に広告を掲載するよう申し込むことはできません。

▶ 広告を掲載した新聞は、新聞販売業者が通常の方法で有償で配布する以外には、都道府県の選挙管理委員会が指定する場所に掲示することしかできません。例えば、候補者が自分の広告の記載されている新聞を多量に購入し、選挙区内の人に配布・掲示してはいけません。

〔公職選挙法149条関係〕

ケース解説 ▶ 「新聞」とはどのようなものか
普通の新聞のほかに、業界紙や労働組合などの機関紙なども含まれます。壁新聞、電光ニュースなどは「新聞」に含まれません。

選挙公報

ポイント ▶ 選挙公報は、都道府県知事選挙に限り、都道府県の選挙管理委員会が、必ず1回発行することになっています。
その他の選挙の場合、選挙公報が発行されるかどうかは、それぞれの都道府県・市町村によって異なりますので、あらかじめ選挙管理委員会に確かめておく必要があります。

〔公職選挙法167条・172条の2関係〕

▶ 掲載文の文字数に制限はありません。また掲載文に図やイラストレーションの類を記載しようとする場合は、あらかじめ選挙管理委員会に問い合わせて確認しておくのが適当です。

▶ 掲載の申請は、選挙期日の告示の日から2日以内（立候補届出日とその翌日のいずれか）に、掲載文（条例で定めるところにより掲載文の電子データ）を添えて選挙管理委員会に提出しなければなりません。郵便等による申請もできますが、申請期間中の受付時間は午前8時30分から午後5時までですので、できるだけ持参することが適当です。
申請期間内であれば、一度提出した掲載文を訂正することもできます。

▶ 掲載文には、候補者の氏名、経歴、政見などを記載するものとされています。この場合、氏名は必ず戸籍上の氏名（通称使用認定書を交付されているときは、その通称）を記載しなければなりません。

▶ 掲載の順序は、申請受付の順番にかかわらず、選挙管理委員会により、くじで定められます。その際、候補者またはその代理人が立ち会うこともできます。

▶ 選挙公報は、選挙区内の有権者の全世帯に対して、投票日の2日前までに配布されます。

〔公職選挙法168条・169条・170条・270条関係〕

個人演説会(開催手続など)

罰則 ▶ P186

ポイント

▶ 個人演説会とは、候補者が自分の政見の発表や投票依頼などの選挙運動のために、候補者自身が開催する演説会をいいます。

（公職選挙法162条関係）

▶ 都道府県知事選挙については、個人演説会の開催中に、選挙管理委員会が交付する表示板を付けた立札・看板類を、会場の前に掲示しなければなりません。この表示板は5個しか交付されませんので、同時に開催できる個人演説会は5箇所までに限られます。
その他の選挙については、開催回数の制限はありません。

（公職選挙法164条の2関係）

▶ 個人演説会では、候補者本人はもとより、候補者以外の者でも演説することができます。また、演説者が不在でも、テープレコーダーなどで不在の応援者などの演説を聴かせることもできます。

（公職選挙法162条・164条の4関係）

▶ 個人演説会は、公営施設を使用する場合と、その他の施設を使用する場合とがあります。それぞれの場合で制限が異なります。

▶ 公営施設とは、学校、公民館、地方公共団体が管理する公会堂、市町村の選挙管理委員会が指定する施設（図書館や集会場など）です。公営施設は、同じ施設を何度も使用する場合は1回目は無料ですが、2回目からは有料となります。公営施設の使用時間は、5時間以内に限られます。

（公職選挙法161条・164条関係）

▶ その他の施設とは、例えば、個人の家、神社、寺院、劇場、公営住宅などをいい、この場合、施設の使用時間に制限はありません。
ただし、次の場所で個人演説会を開催することはできません。
①国又は地方公共団体の所有し又は管理する建物（公営住宅を除く）
②電車・バス・船舶などの中、汽車やバスの停車場、鉄道敷地内

③病院、診療所、その他の療養施設

〔公職選挙法166条関係〕

ポイント ▶

罰則▶P186

公営施設を使用する際には、次のような手順で、個人演説会開催の手続きを行わなければなりません。
①開催予定日の2日前までに、
②使用したい施設・開催予定日時・候補者氏名を、都道府県の選挙管理委員会が定める様式（P89参照）に記入して、
③市町村の選挙管理委員会に申し出る。

〔公職選挙法163条関係〕

▶ 公営施設以外の施設を使用する場合は、候補者が施設の管理者の承諾を得られれば、個人演説会を開催することができます。

〔公職選挙法161条の2関係〕

▶ 個人演説会の開催の知らせは、施設や選挙管理委員会ではなく、候補者がすることになっています。方法としては、選挙運動用ポスターや選挙運動用葉書で告知するほか、街頭演説などで選挙区内の人に口頭で知らせることもできます。

▶ 他の選挙の投票当日には、その投票所、共通投票所の敷地の入口（例えば学校なら校門）から300m以内の区域では、午前0時から投票所の閉鎖時間までの間は、個人演説会を開催することはできません。

〔公職選挙法165条の2関係〕

ケース解説 ▶ **婦人会などが候補者から政見を聴くために演説会を開催できるか**
選挙運動のために行う演説会は、個人演説会以外は禁止されています。個人演説会は候補者だけが開催できるため、その他の者が演説会を開催することはできません。

〔公職選挙法164条の3関係〕

▶ **選挙期日の告示日に公営施設で個人演説会を開催できるか**
公営施設を使用して個人演説会を開催するときは、開催予定日の2日前までに申し出なければならないため、選挙期日の告示のあった日に公営施設で個人演説会を開催することはできません。例えば、告示日が4月5日とすれば、4月7日以降でなければ公営施設を使用できません。

個人演説会（公営施設使用）開催申出書【様式と記載例】

個人演説会開催申出書

令和〇年〇月〇日

山川市選挙管理委員会委員長　殿

山川市議会議員選挙候補者氏名　甲山乙夫

住所　山川市甲町一丁目二番三号

連絡先　山川市新町二丁目二番三号〇〇ビル△号室

電話〇〇〇−〇〇〇〇

公職選挙法第百六十三条の規定により、次のとおり公営施設を使用して個人演説会を開催したいので申し出ます。

候補者氏名	甲山乙夫	受付		月　　日午前時　分	無料・有料
開催日時	令和〇年〇月〇日	午前午後 五時〇分から 午前午後 八時〇分まで			
設名称	山川市公会堂				
施所在地	山川市谷川町一丁目三番				
その他の事項					

備考　候補者本人が届け出る場合にあっては本人確認書類の提示又は提出を、その代理人が届け出る場合にあっては委任状の提示又は提出及び当該代理人の本人確認書類の提示又は提出を行うこと。ただし、候補者本人の署名その他の措置がある場合はこの限りではない。

（記載上の注意）候補者が他の候補者と共同して演説会を開催する場合及び自ら開催に必要な設備を付加する場合等においては、その他の事項欄にその旨を記載しなければならない。

89

個人演説会(演説会場)

ポイント

罰則▶P184・186

▶ 個人演説会においてポスターや立札・看板などを掲示する場合には、次のような規格制限があります。
①屋外や会場外のポスター、立札・看板類は、273cm×73cm以内（屋内の会場内においては制限なし）
②ちょうちんは、高さ85cm以内、直径45cm以内

▶ 会場内にちょうちんを掲示する際、都道府県知事選挙の場合は各会場内ごとに1個に限られます。その他の選挙の場合は、各会場ごとに会場内か会場外のいずれかに1個に限られます。

▶ 屋内の演説会場内において、その演説会の開催中には、映写等の類を掲示することができます。

▶ 個人演説会の会場の外（会場の入口、建物の外側、外まわりの塀など）にポスターや立札・看板などを掲示する場合は、選挙の種類に応じて制限が異なります。

▶ 都道府県知事選挙の場合は、選挙管理委員会が交付する表示板を付けた立札・看板類を必ず会場の外に掲示しなければなりません。それ以外のポスター・立札・看板・ちょうちんなどは、一切掲示できません。

▶ その他の選挙の場合は、ポスターや立札・看板については、各会場ごとに2個以内に限り、会場の外に掲示することができます。ちょうちんについては、各会場ごとに会場内か会場外のいずれかに1個しか掲示できません。

〔公職選挙法143条、164条の2関係〕

▶ 個人演説会会場内では、ビラを頒布することができます。

〔公職選挙法142条関係〕

▶ 個人演説会場では、会場内で聴衆に向かって行う限り、連呼行為は認められています。会場内の窓や入口から外に向かって連呼することはできません。　　　〔公職選挙法140条の2関係〕

街頭演説

ポイント

罰則▶P186

▶ 街頭演説とは、街頭、公園、空き地などで、多数の人に向かって選挙運動のために行う演説をいいます。屋内（選挙事務所など）から街頭に向かって行う演説も含まれます。

▶ 街頭演説は、選挙管理委員会が交付する標旗を掲げ、必ず立ち止まって行わなければなりません。道路を歩行しながら、または自動車や自転車で走行しながら演説することはできません。
　　　〔公職選挙法164条の5関係〕

▶ 街頭演説は、午前 8 時から午後 8 時までの間に限り、行うことができます。　　　〔公職選挙法164条の6関係〕

▶ 街頭演説を行う場合には、その場所における街頭演説の一部としての連呼行為が認められています。
　ただし、次のことに努めなければなりません。
　①学校、病院、診療所、その他の療養施設などの周辺では、静かに演説を行うこと（静穏を保持すること）
　②長時間にわたって、同じ場所にとどまって演説しないこと
　　　〔公職選挙法164条の6関係〕

▶ 街頭演説に従事する選挙運動員は、候補者 1 人につき15人以下に限られ、これらの者は、選挙管理委員会が交付する腕章（交付数11枚）を着けていなければなりません（P 92ケース解説参照）。

　　　〔公職選挙法164条の7関係〕

▶ 街頭演説の場所では、ポスター、立札、看板などを掲示することはできません。
　ただし、選挙運動用自動車または船舶に取り付けられているポ

スター、立札、看板などは使用できます。また、都道府県知事選挙に限り、選挙管理委員会が交付する個人演説会の表示板を付けた立札・看板類は掲示できます。

▶ 街頭演説の場所では、ビラを頒布することができます。

〔公職選挙法142条関係〕

ケース解説 ▶ **街頭演説用腕章は、なぜ15枚交付されないのか**
選挙運動用自動車または船舶に乗る運動員が着ける乗車用・乗船用腕章（交付数 4 枚）を、そのまま街頭演説用腕章として使用できるためです。

特殊乗車券

罰則 ▶P185

ポイント

▶ 特殊乗車券とは、候補者・推薦届出者・選挙運動員が、選挙運動期間中、選挙区内で鉄道や乗合バスなどの交通機関を利用するための、選挙区全域に通用する無料の乗車券をいいます。これは、都道府県知事選挙に限り交付されます。

〔公職選挙法176条関係〕

▶ 立候補届が済むと、選挙長から「公職の候補者旅客運賃後払証」が15枚交付されます。これに必要事項を記入して、選挙期日の告示のあった日から投票日までの間に、乗車券の発行所に提示すれば特殊乗車券を受け取ることができます。各乗車券の発行所は、次のとおりです。
①鉄道……………………………鉄道の各駅
②軌道……………………………軌道の各駅
③一般乗合旅客自動車………バス会社本社

▶ 15枚の「公職の候補者旅客運賃後払証」をどの交通機関に使用するかは、全く自由であり、乗車券の発行所に提示する際に、例えば、鉄道に10枚分・バスに5枚分などと分けてもらうこともできます。

▶ 特殊乗車券を使用できる人は、候補者、推薦届出者、選挙運動員に限られます。選挙運動のために雇われた労務者は使用することができません。使用を認められていない人が特殊乗車券を使用した場合は、無効とされ、回収されます。

▶ 特殊乗車券の使用期間は、発行日から投票日の5日後までです。なお、普通乗車券については無料ですが、グリーン車、急行、特急、寝台等を利用するときは、その分の料金は使用者の負担となります。

▶ 立候補を辞退したとき、立候補の届出が却下されたとき、立候補が取り消されたときなどには、すぐに特殊乗車券を返還しなければならず、他人に譲渡することはできません。

〔公職選挙法177条関係〕

政見放送

ポイント

罰則▶P170

▶ テレビやラジオによる選挙運動は、都道府県知事選挙に限り、政見放送と経歴放送（共に無料）が認められています。都道府県知事選挙以外の選挙では、テレビやラジオによる選挙運動を一切することはできません。

（公職選挙法150条・151条関係）

▶ 政見放送の回数は、候補者１人につき、８回（テレビ放送とラジオ放送の通算回数）までです。内訳は、ＮＨＫのテレビ放送が２回、ＮＨＫのラジオ放送が２回、民間放送会社の放送が４回（テレビ放送とラジオ放送の回数は各選挙管理委員会が定める）となっています。

▶ 政見放送の放送時間は、候補者１人につき、１回当たり５分30秒以内に限られます。
ただし、候補者の数が著しく多い場合などには、放送時間が短縮されることもあります。

▶ 政見放送を行う放送局は、ＮＨＫと、選挙管理委員会が定める民間放送会社です。候補者が民間放送会社を指定することはできません。

▶ 政見放送をするには、選挙期日の告示日までに、ＮＨＫまたは民間放送会社が指定する放送局に、候補者または代理人が出向いて申込みをしなければなりません。告示日の前でも申込みができますが、告示日に限り、ほとんどの都道府県が政見放送の申込みを立候補届出受付会場で受け付けています。

▶ 政見放送は、あらかじめ収録した政見をそのまま放送しますが、収録を行う日時と場所は、各候補者の希望を考慮して、政見放送を実施する放送局が定めます。正当な理由がなく定められた日時・場所に出向かなかった場合には放送されません。

ポイント

罰則 ▶ P170・
175

▶ 政見の収録は、候補者本人に限られ、代理人による政見発表や対談形式による政見発表はできません。また、政見を収録するときは、候補者は、たすき・腕章・はちまきなどを着用したり、放送原稿以外の用具を使用したりしてはいけません。

▶ 同じ放送局で政見放送が2回以上実施されるときは、収録は1回限りで、それをくり返し放送することとされています。また、放送日時は選挙管理委員会がくじびきで定めますが、候補者または代理人はその場に立ち会うことができます。

▶ 政見放送を行うときは、候補者は、他人の名誉を傷つけたり、特定の商品広告を行うなど、品位を損なう言動をしてはいけません。

〔公職選挙法150条の2関係〕

経歴放送

ポイント

罰則 ▶ P175

▶ 経歴放送とは、候補者の氏名・年齢・党派別・主要な経歴等などを有権者に知らせるために、政見放送を行う放送局が、テレビやラジオを通じて行う放送をいいます。

▶ テレビによる経歴放送は、候補者の政見放送の直前に行われる場合と、経歴放送のみ単独で行われる場合とがあります。
政見放送の直前に行われる経歴放送（NHKと民間放送会社によるもの）は6回以内（NHKが2回、民間放送会社は各選挙管理委員会が4回以内で定める回数）、このほかに単独で行われる経歴放送（NHKによるもの）は1回放送されます。

〔公職選挙法151条関係〕

▶ ラジオによる経歴放送は、NHKがおおむね5回行うこととされています。

▶ 経歴放送の放送時間は、候補者1人につき、1回当たり30秒以内に限られます。

▶ 放送局は候補者の経歴書に基づいて放送するため、候補者は、選挙期日の告示日までに、経歴書（P96参照）を放送局に提出しなければなりません。

候補者経歴書【様式】

候補者経歴書

ふりがな 所属党派	
ふりがな 氏名	
生年月日	年　　月　　日（　　歳）
性別	

主要な経歴

右のとおり提出します。

令和　　年　　月　　日

住所

候補者

あて

氏名　　　　　　　　　　印

備考：

一　当該選挙の公示（告示）があった日までに、この経歴書を提出する。

二　所属党派欄には、所属党派証明書に記載された党派を記載する。この場合において、所属党派名が二十字を超える場合は、放送用として二十字以内の略称を併記する。所属党派証明書を有しない候補者については、「無所属」と記載する。

三　氏名欄には、当該選挙長の認定した通称があるときは、その通称を記載する。

四　生年月日欄中の（　　歳）内には、当該選挙の期日により算定した満年齢を記載する。

五　主要な経歴欄には、五十字以内で記載し、固有名詞には振り仮名を付ける。

六　あて名欄には、経歴放送を実施する放送事業者名を記載する。

その他

ポイント

罰則▶P185

▶ **新聞・雑誌の報道評論**

選挙期日の告示日から投票日の間に限り、次の条件をすべて満たす新聞・雑誌だけが、選挙に関する報道評論を行うことができます。その他の新聞・雑誌には、選挙に関する報道評論を一切載せることができません。

①次のすべての条件を満たすもの

(1) 新聞では毎月3回以上、雑誌では毎月1回以上、定期的に有償で発行しているもの

(2) 第3種郵便物の承認のあるもの（点字新聞を除く）

(3) 選挙期日の告示の日の1年前（時事に関する事項を掲載する日刊新聞においては6ヵ月前）から(1)(2)の条件に適合し、引き続き発行しているもの

②①に該当する新聞・雑誌の発行者が発行する新聞・雑誌で、(1)(2)の条件を備えているもの　〔公職選挙法148条関係〕

▶ **投票所内の氏名掲示**

投票日には、原則として投票所に各候補者の氏名・党派別が掲示されますが、掲示の順序は市町村の選挙管理委員会がくじで定めます。このとき、候補者または代理人がその場に立ち会うことができます。　〔公職選挙法175条関係〕

▶ **幕間演説**

幕間演説とは、映画や演劇の幕間、青年団や婦人会の会合、会社や工場の休憩時間などに、候補者・選挙運動員・第三者が、たまたまそこに集まっている人に向かって選挙運動のために演説することをいいます。これは、あらかじめ聴衆を集めて行う「演説会」ではないため、自由に行うことができます。

▶ **電話による選挙運動**

電話を使って選挙運動を行うことは、原則として自由です。

▶ **バーコードその他これに類する符号**

文書図画に記載・表示されているバーコードその他これに類する符号（QRコード等）に記録されている事項で、読取装置により映像面に表示されるものは、当該文書図画に記載・表示されているものとされます。

ただし、法定記載事項については、当該文書図画に記載・表示されていないものとされます。　〔公職選挙法271条の6関係〕

▶ **電磁的記録媒体**

文書図画を記録した電磁的記録媒体（DVD等）の頒布は、文書図画の頒布とみなされます。　〔公職選挙法271条の6関係〕

選挙運動費用

実費弁償(選挙運動員)

ポイント ▶ 実費弁償とは、選挙運動員などが実費で支払った分を、後で候補者が弁償することをいいます。実費弁償は、選挙運動員と選挙運動のために使用する労務者に対して支給することができますが、選挙運動員と労務者とでは、弁償額の基準が異なります。

〔公職選挙法197条の2関係〕

ケース解説 ▶ 「労務者」とは、どのような人をいうのか
単純な機械的労務(例えば、葉書の宛名書きや発送、看板の運搬、自動車の運転など)に従事する人です。

ポイント ▶ 選挙運動員に対する実費弁償は、選挙運動員1人につき、選挙管理委員会が告示する制限額の範囲内でなければなりません。実費弁償の制限額を超えて支給すると、買収行為とみなされます。制限額の基準は次のとおりです。

> ①鉄道費・船賃・車賃は、実費額(制限なし)
> ②宿泊料(食事料2食分を含む)は、1夜につき12,000円
> ③弁当料は、1食につき1,000円・1日につき3,000円
> ④茶菓料は、1日につき500円

〔公職選挙法197条の2、同法施行令129条関係〕

ケース解説 ▶ 弁当を提供しても、実費弁償として弁当料を支給できるか
できます。ただし、提供した弁当の実費相当額を、弁当料の制限額から差し引いて支給しなければなりません。例えば、朝昼2食・計1,700円の弁当を提供し、選挙運動員が夕夜の2食・計2,000円を支払ったら、1日当たりの制限額(3,000円)から1,700円を差し引いた額、1,300円までしか実費弁償できないこととなります。

実費弁償（労務者）

ポイント ▶ 選挙運動のために使用する労務者に対する実費弁償は、労務者
1人につき、選挙管理委員会が告示する制限額の範囲内でなけ
ればなりません。制限額の基準は次のとおりです。

> ①鉄道費・船賃・車賃は、実費額（制限なし）
> ②宿泊料（食事料を除く）は、1夜につき10,000円

（公職選挙法197条の2、同法施行令129条関係）

ケース解説 ▶ **選挙運動員と労務者に対する実費弁償の制限の違い**
選挙運動員に対しては、弁当料や茶菓料の実費を支給できます
が、労務者に対して支給することはできません。また、選挙運
動員に対しては、食事料を含んだ宿泊料を支給できますが、労
務者には食事料を除いた宿泊料しか支給できません。

報酬（労務者）

ポイント ▶ 報酬とは、労務に対する給付をいい、選挙運動のために使用す
る労務者に支給することができます。

▶ 選挙運動のために使用する労務者に対する報酬は、労務者1人
当たり、1日につき、選挙管理委員会が告示する制限額の範囲
内でなければなりません。報酬の制限額を超えて支給すると、
買収行為とみなされます。制限額の基準は次のとおりです。

> ①基本日額　　　　10,000円以内
> ②超過勤務手当　　5,000円以内（基本日額の半額以内）

なお、弁当を提供した場合は、基本日額から弁当の実費相当額
を差し引いて支給しなければなりません。

（公職選挙法197条の2、同法施行令129条関係）

ケース解説 ▶ **超過勤務手当はどのような場合に支給できるか**
いわゆる早出・残業の場合ですが、勤務時間については事前に
決めておく必要があります。

報酬（選挙運動のために使用する者）

ポイント ▶ 報酬は、選挙運動のために使用する労務者のほかに、次の選挙運動のために使用する者にも支給することができます。
①選挙運動のために使用する事務員
②車上・船上における選挙運動のために使用する者
③手話通訳のために使用する者
④要約筆記のために使用する者

〔公職選挙法197条の2関係〕

ケース解説 ▶ **「選挙運動のために使用する事務員」とは**
選挙運動に関する事務に従事するために雇われた人をいいます。総括主宰者や出納責任者など選挙運動の中枢となる人や、親族・友人などの特別な信頼関係から選挙運動に関する事務に従事する人は含まれません。また、選挙運動に関する「事務」に従事する人でなければならないため、選挙人に直接はたらきかける行為を行う人は含まれません。

▶ **「車上・船上における選挙運動のために使用する者」とは**
いわゆる「うぐいす嬢」のように、選挙運動用自動車・船舶に乗って連呼行為などの選挙運動をすることを本来の職務として雇われた人をいいます。一時的に選挙運動用自動車・船舶に乗って選挙運動をする人は含まれません。

ポイント ▶ 報酬を支給するには、報酬を支給する者に関する届出書を、その者を使用する前に、あらかじめ選挙管理委員会に提出しなければなりません。郵送で提出する場合には、日本郵便株式会社（郵便局）の窓口で引受時刻証明の取扱いを受けていれば、そのときに届出をしたこととなります。

▶ 支給できる報酬の額は、1人当たり1日につき、選挙管理委員会が告示する制限額の範囲内でなければなりません。また、超過勤務手当は支給できません。制限額の基準は次のとおりです。

①選挙運動のために使用する事務員	10,000円以内
②車上・船上の選挙運動のために使用する者	15,000円以内
③手話通訳のために使用する者	15,000円以内
④要約筆記のために使用する者	15,000円以内

〔公職選挙法197条の2、同法施行令129条関係〕

ポイント ▶ 報酬を支給できる期間は、立候補の届出後、報酬を支給する者に関する届出書を提出したときから、投票日の前日までに限られます。

〔公職選挙法197条の2関係〕

▶ 報酬を支給できる人数には、1日当たりの制限と、支給期間を通じた総数の制限とがあります。制限人数は、選挙の種類に応じて次のように異なります。

選挙の種類	1日	期間内総数※
都道府県知事選挙	50人	250人
指定都市の市長選挙	34人	170人
都道府県議会の議員選挙 指定都市議会の議員選挙 指定都市以外の市長選挙 特別区の区長選挙	12人	60人
指定都市以外の市議会の議員選挙 特別区議会の議員選挙 町村長選挙	9人	45人
町村議会の議員選挙	7人	35人

※「期間内総数」とは、支給者を届け出たときから投票日の前日までの間に、報酬を支給できる延人数です。すなわち、例えば都道府県知事選挙の場合は、250人まで異なる人を届け出て報酬を支給することができます。

〔公職選挙法197条の2、同法施行令129条関係〕

ケース解説 ▶ 報酬を支給できる労務者について人数制限はないか

ありません。したがって、労務者に報酬を支給するときは、あらかじめ選挙管理委員会に届け出る必要はありません。

法定制限額

▶ 法定制限額とは、選挙運動のために使うことができる費用の最高額をいいます。法定制限額は、選挙の種類や選挙区内の有権者の数などに応じて異なり、選挙期日の告示日に選挙管理委員会が告示します。あらかじめ法定制限額を知っておきたい場合は、次のように算出することができます。

〔公職選挙法196条関係〕

▶ 都道府県知事・市町村長・特別区長の選挙

$$法定制限額 = \frac{告示日における}{選挙人名簿登録者数} \times 人数割額 + 固定額$$

・人数割額と固定額は、選挙の種類に応じて次のように異なります。

選挙の種類	人数割額	固定額
都府県知事選挙（※1） ・北海道知事選挙のみ	7円 7円	2,420万円 3,020万円
指定都市の市長選挙	7円	1,450万円
指定都市以外の市長選挙 特別区の区長選挙（※2）	81円	310万円
町村長選挙	110円	130万円

※1 都道府県知事選挙については、告示日における選挙人名簿登録者数×人数割額の金額が固定額の1.5倍を超えるときは、法定制限額は固定額の2.5倍の額となります。

※2 指定都市以外の市長選挙と特別区の区長選挙については、選挙区内の有権者数×人数割額の金額が固定額の5倍を超えるときは、法定制限額は固定額の6倍の額となります。

〔公職選挙法194条、同法施行令127条関係〕

ポイント ▶ 都道府県・市町村・特別区の議会議員選挙

$$法定制限額＝\frac{告示日におけるその選挙区内の選挙人名簿登録者総数}{選挙区の議員定数}×人数割額＋固定額$$

・人数割額と固定額は、選挙の種類に応じて次のように異なります。

選挙の種類	人数割額	固定額
都道府県議会の議員選挙	83円	390万円
指定都市議会の議員選挙（※1）	149円	370万円
指定都市以外の市議会の議員選挙 特別区議会の議員選挙（※2）	501円	220万円
町村議会の議員選挙	1,120円	90万円

※1 指定都市議会の議員選挙については、同じ日に、その指定都市の選挙区を含む道府県議会の議員選挙区で選挙が行われるものとして計算した額（A）を超えるときは、法定制限額はAから20万円差し引いた額となります。

※2 指定都市以外の市議会の議員選挙と、特別区議会の議員選挙については、告示日におけるその選挙区内の選挙人名簿登録者総数÷選挙区の議員定数×人数割額の金額が固定額の2倍を超えるときは、法定制限額は固定額の3倍の額となります。

（公職選挙法194条、同法施行令127条関係）

ケース解説 ▶ 法定制限額に100円未満の端数がある場合はどうなるか
100円未満の端数は切り上げとなります。

出納責任者

ポイント

罰則▶P187

▶ 出納責任者とは、選挙運動の収支について、一切の責任と権限をもつ人をいいます。候補者は、立候補届出をした後すぐに、出納責任者1人を選任して選挙管理委員会に届け出なければなりません。出納責任者の選任届出をしないうちに、出納責任者が寄附を受けたり支出をすることはできません。

▶ 出納責任者を選任するには、次の4つの方法があります。
①候補者が自分で出納責任者となる
②候補者が他の人を出納責任者に選任する
③推薦届出者が候補者の承諾を得て、自分が出納責任者となる
④推薦届出者が候補者の承諾を得て、出納責任者を選任する
いずれの場合にも、候補者または推薦届出者は、出納責任者選任届（P106参照）を選挙管理委員会に提出しなければなりません。推薦届出者が出納責任者を決める場合（③④）には、さらに候補者の承諾書を提出しなければなりません。
また、自分以外の人を出納責任者に選任する場合（②④）には、選任者は、出納責任者が支出できる金額の最高額を定め、出納責任者と共に文書に署名押印しなければなりません。
〔公職選挙法180条関係〕

▶ 出納責任者に解任や辞任などの異動があったときは、出納責任者の選任者は、すぐに出納責任者異動届（P107参照）を選挙管理委員会に提出しなければなりません。推薦届出者が出納責任者を解任した場合には、さらに候補者の承諾書を提出しなければなりません。
〔公職選挙法181条、182条関係〕

▶ 出納責任者が死亡や病気で長期入院して職務が遂行できない場合などには、公職の候補者が代わって出納責任者の職務を行うか、新たな出納責任者を選任しなければなりません。
〔公職選挙法183条関係〕

▶ 選任届や異動届は、持参した場合とポストに投函した場合には、選挙管理委員会が受理したときに届出があったことになります。日本郵便株式会社（郵便局）の窓口に差し出す場合には、引受時刻証明の取扱いを受けていれば、そのときに届出があったとみなされます。
〔公職選挙法183条の2関係〕

ポイント

罰則 ▶ P187

▶ 出納責任者は、会計帳簿を作成し、選挙運動に関するすべての寄附・収入・支出を、会計帳簿に記載しなければなりません。立候補準備のために支出したものでも、候補者や後に出納責任者となった人が支出した分などについては、選挙運動費用となるため、出納責任者は、就任後すぐにその分の支出を会計帳簿に記載しなければなりません。　　　　　　　　　**〔公職選挙法187条関係〕**

▶ 出納責任者または出納責任者から文書による承諾を得た者以外は、選挙運動に関する支出をすることはできません。ただし、立候補準備行為、電話またはインターネット等による選挙運動に要する支出は、第三者も出納責任者の承諾なく行うことができます。　　　　　　　　　　　　　　　**〔公職選挙法187条関係〕**

▶ 出納責任者以外の人が選挙運動のための寄附を受けたときは、寄附を受けた日から7日以内に（出納責任者から提出を求められたときはすぐに）、寄附者の氏名・住所・職業・金額・年月日を書いた明細書を、出納責任者に提出しなければなりません。出納責任者は、この明細書を受け取って保存するとともに、提出のないときは提出を求めなければなりません。

〔公職選挙法186条関係〕

▶ 出納責任者は、選挙運動に関するすべての支出について、支出金額・年月日・目的を書いた領収書を徴収しなければなりません。ただし、自動券売機で購入した乗車券などのように通常は領収書を発行しないような場合には、例外的に領収書を徴収しなくてもかまいませんが、その場合には、その旨、金額、年月日、目的を記載した書面を選挙運動費用収支報告書に添付して提出しなければなりません。
候補者や出納責任者と意思を通じて支出した人は、領収書を徴収したら、すぐに出納責任者に渡さなければなりません。

〔公職選挙法188条関係〕

ケース解説 ▶ **候補者が出納責任者選任届を提出する前に寄附を受けてよいか**
候補者だけでなく、推薦届出者や選挙運動員についても、出納責任者の選任届や異動届の提出をしたかしないかにかかわらず、寄附を受けることはできます。
ただし、寄附を受けた日から7日以内に（出納責任者から提出を求められたときはすぐに）、出納責任者に明細書を提出しなければなりません。

出納責任者選任届

候補者氏名	出 納 責 任 者		氏 名	月 山 一 郎
		生年月日	昭和○年○月○日	
		住 所	山川県山川市東山町一丁目二番三号	
				（電話）○○-○○○○-○○○○
		職 業	会 社 員	
		選任年月日	令和○年○月○日	
甲 山 乙 夫				

令和○年○月○日執行の山川市議会議員選挙における出納責任者を右のとおり選任しましたから届出をします。

令和○年○月○日

　　　　選任者

　　　　　　住　所　山川県山川市甲町一丁目二番三号

　　　　　　　　　　　　　　　電話　○○-○○○○-○○○○

　　　　　　氏　名　甲　山　乙　夫

山川市選挙管理委員会委員長　　○○○○　殿

備考　選任した本人が届け出る場合にあっては本人確認書類の提示又は提出を行うこと。ただし、選任した本人の署名その他の措置がある場合はこの限りではない。

　　　任状の提示又は提出及び当該代理人の本人確認書類の提示又は提出を行うこと。

　　　推薦届出者が出納責任者を選任した場合にあっては委

（記載上の注意）

1　推薦届出者が出納責任者を選任した場合は、候補者の承諾書を添付すること。

2　推薦届出者が数人あったときは、その代表者たることを証する書面を添付すること。

選挙運動費用

出納責任者異動届【様式と記載例】

出納責任者異動届

区分	出納責任者の氏名	住　所	職業	生　年　月　日	選任（異動）年月日
旧	月山一郎	山川県山川市東山町一丁目二番三号	会社員	昭和〇年〇月〇日	令和〇年〇月〇日
新	海川次郎	山川県山川市西海町二丁目一番三号	会社員	昭和〇年〇月〇日	令和〇年〇月〇日

令和〇年〇月〇日執行の山川市議会議員選挙における出納責任者を右のとおり異動しましたから届出をします。

令和〇年〇月〇日

選任者
　住　所　山川県山川市甲町
　　　　　一丁目二番三号　電話〇〇〇〇ー〇〇〇〇
　氏　名　甲　山　乙　夫

山川市選挙管理委員会委員長　〇　〇　〇　〇　殿

備考　選任した本人が届け出る場合にあっては本人確認書類の提示又は提出及び当該代理人の本人確認書類の提示又は提出を行うこと。ただし、選任した本人の署名その他の措置がある場合はこの限りではない。
　推薦届出者が出納責任者を解任した場合又は新たに出納責任者を選任した場合には、併せて解任又は選任に関する候補者の承諾書を添付すること。

（記載上の注意）
1　解任又は辞任による場合は、解任又は辞任の通知があったことを証する書面を添付すること。
2　任状の提示又は提出及び当該代理人の本人確認書類の提示又は提出を行うこと。

107

会計帳簿

罰則 ▶ P187

▶ 会計帳簿には、収入簿と支出簿とがあります。収入簿には、選挙運動のために受けた寄附や、候補者または推薦届出者が選挙運動費用に充てた自己資産や借入金などを記入しなければなりません。支出簿には、立候補準備のために支出した費用と、選挙運動のために支出した費用を記入しなければなりません（P112・113参照）。

▶ 「寄附」とは、金銭や物品だけでなく、その他の財産上の利益を相手方から受け取ることをいいます（会費や債務の履行として行う場合を除く）。

寄附以外の収入（借入金など）については、金額・年月日を収入簿に記載すればよいのに対し、寄附については、寄附者の氏名・住所・職業・金額・年月日を記載しなければなりません。

〔公職選挙法179条、185条関係〕

ケース解説 ▶ 「寄附」とは、例えばどのようなものか
①陣中見舞として受け取った金銭
②政党が候補者に与える公認料
③労務の無償提供
④無料で選挙事務所を借りた場合の借上料相当額
⑤選挙運動員・労務者が実費弁償を受けない場合の実費弁償額
⑥労務者が報酬を辞退した場合の報酬額

※③～⑥は寄附となり、かつ、同額の支出となります。

▶ **候補者が自宅を選挙事務所にしている場合の扱いはどうなるか**
その自宅を時価換算した借上料（賃貸家屋の場合は賃貸料）を、寄附または支出として計上する必要はありません。また、飲食費についても、候補者が日常生活費として消費するものに限り、支出として計上する必要はありません。

ポイント ▶ 「支出」とは、金銭や物品だけでなく、その他の財産上の利益を
相手方に提供することをいいます。

罰則 ▶P187 支出簿には、支出を受けた者（支出先）の氏名・住所・職業・支
出の目的・金額・年月日を記載しなければなりません。

〔公職選挙法185条関係〕

▶ 次のものは、選挙運動に関する費用とはみなされません。した
がって、支出簿に記入する必要はありません。
①立候補準備のために支出した費用のうち、候補者・出納責任
者が支出したものや、これらの者と意思を通じてしたもの以
外の支出した費用
②立候補届出の後に、候補者や出納責任者と意思を通じないで
支出した費用
③候補者が乗用する自動車・船舶にかかる費用（例えば、候補者
が個人演説会場に自分の乗用車で行く場合のガソリン代など）
④選挙期日の後に選挙運動の残務処理のために支出した費用
⑤選挙運動に関して支払う国・地方公共団体への租税と手数料
⑥選挙運動用自動車・船舶を使用するために支出した費用（例
えば、レンタル料、ガソリン代、修繕代、タイヤ代、運転手
や船員への報酬・超過勤務手当・宿泊代・食事代など）
⑦確認団体が行う選挙運動のために支出した費用

〔公職選挙法197条関係〕

ケース解説 ▶ 「意思を通じて」とはどのようなことか（上記①②）
支出をすることについて、相互に意思の疎通があることをい
い、話し合ったり指示を受けたりして支出を行えば、「意思を通
じて」支出をしたことになります。

▶ **公費で負担されるものも支出として計上しなければならないか**
選挙運動用ポスター、個人演説会用ポスター及び選挙運動用ビ
ラについては、公費で負担される場合でも支出として計上しな
ければなりません。選挙運動用自動車・船舶の使用料について
は、公費負担かどうかにかかわらず、支出として計上する必要
はありません（上記⑥）。

会計帳簿の記載項目

ポイント ▶ **寄附**
相手方から受けたすべての金銭・物品・その他財産上の利益です。

▶ **その他の収入**
候補者などが選挙運動に充てた自己資金や借入金などです。

▶ **人件費**
選挙運動のために使用する労務者、事務員、車上等運動員、手話通訳者、要約筆記者に対する報酬です。

▶ **家屋費**
①選挙事務所費とは、選挙事務所の借上料（机などの備品の借上料や事務所の電話を架設する際の費用を含む）などです。
②集合会場費とは、個人演説会場の借上料（机などの備品の借上料を含む）などです。

▶ **通信費**
選挙運動用の電話代、事務連絡用の電話・電報・葉書・封書代などです（通信費に含まれる中では、電話以外は選挙運動のためには使用できません）。電話架設費は選挙事務所費に含まれますが、電話機の借上料と通話料は通信費に含まれます。

▶ **交通費**
選挙運動員や労務者に対する実費弁償（鉄道費用・船賃・車賃）などです。候補者に関する交通費や、選挙運動用自動車・船舶のレンタル料などは、原則として選挙運動費用とみなされません。運動員が友人の好意で自動車に無料で乗せてもらった場合は、車賃を時価で見積もり、交通費および寄附として計上しなければなりません。候補者と選挙運動員がタクシーに同乗した場合は、一般的には選挙運動員が便乗したとみなされるので、交通費に計上する必要はありません。

ポイント ▶ **印刷費**
選挙運動のために使用するポスターや葉書の印刷費などです。

▶ **広告費**
立札・看板、ちょうちん、たすき、拡声機などの費用です。

▶ **文具費**
選挙事務所で使用した紙やペンなどの消耗品などです。

▶ **食糧費**
湯茶代、湯茶に伴い通常用いられる程度の菓子を提供したときの菓子代、選挙運動員や労務者に弁当を支給したときの弁当代、選挙運動員に対する実費弁償（弁当料や茶菓料）などです。

▶ **休泊費**
選挙運動員や労務者に対する実費弁償（宿泊料）など、宿泊や休憩の費用です。

▶ **雑費**
ガス代、電気代、水道代などの光熱費などです。この他にも、例えば労務者に材料を提供して看板を作成した場合、木材やトタンなどの材料費は雑費となります。

ケース解説 ▶ **選挙運動用葉書として手持ちの私製葉書を使用する場合、紙代や印刷代を支出とするべきか**
支出として計上しなければなりません。紙代は文具費に、印刷代は印刷費に計上することになります。

▶ **立候補届が済んだことを選挙運動員などに電報で知らせる場合、電報料を支出とするべきか**
事務連絡で使用する電報料も選挙運動費用となるため、支出（通信費）として計上しなければなりません。

▶ **応援弁士や出納責任者に支払う実費弁償は支出とするべきか**
いずれの場合にも、支出として計上しなければなりません。

会計帳簿（収入簿）【様式と記載例】

(収入簿)

月　日	金額又は見積額	種　別	寄　附　を　し　た　者 住所又は主たる事務所の所在地	氏名又は団体名	職　業	金銭以外の寄附及びその他の収入の見積の根拠	備　考
○月○日	500,000 円	その他の収入					自己資金
○月○日	100,000	その他の収入					借入金
○月○日	100,000	寄附	○○県○○市○○町○番地	○○党	政党		
○月○日	50,000	寄附	○○県○○市○○町○番地	山川四郎	商業	事務所無料借上○日間 50㎡ 1室	
○月○日	30,000	寄附	○○県○○市○○町○番地	甲山太郎	〃		金銭の供与の約束○年○月○日履行された
○月○日	20,000	寄附	○○県○○市○○町○番地	乙山二郎	会社員	無償労務従事○日○日、○月○日の2日間	
合　計	1,080,000						

備　考
1　この帳簿には、選挙運動に関するすべての寄附及びその他の収入を記載するものとする。
2　債務の免除、保証その他金銭以外の財産上の利益の収受については、その債務又は利益を時価に見積った金額を記載するものとする。
3　寄附及びその他の収入が金銭以外のものであるときは、「金銭以外の寄附及びその他の収入の見積の根拠」の欄にその員数、金額、見積の根拠等を記載するものとする。
4　寄付の中金銭、物品その他の財産上の利益の供与又は交付の約束は、その約束の日の現在において記載するものとし、その旨並びにその履行の有無及び年月日等を「備考」欄に記載するものとする。
5　「種別」の欄には寄附金とその他の収入との区別を明記するものとする。
6　前各号に定めるものの外、出納責任者において必要と認める事項を記載することができる。

会計帳簿（支出簿）【様式と記載例】

（支出簿）　（一）立候補準備のために支出した費用

月日	金額又は見積額			支出の目的	支出を受けた者			金銭以外の支出の見積の根拠	支出をした者の別	備考
	金銭支出	金銭以外の支出	合計		住所又は主たる事務所の所在地	氏名又は団体名	職業			
○月○日	50,000円	50,000円	50,000円	事務所借料	○○県○○市○○町○番地	山川四郎	商業	無料借上ヶ ○日間分1室	候補者	．
〜										
(イ)選挙事務所費計	45,000	55,000	100,000							
〜										
(ロ)集合会場費計	15,000		15,000							
(家屋費計)	60,000	55,000	115,000							
○月○日	1,400		1,400	電車賃	○○県○○市○○町○番地	乙田一夫	農業		出納責任者	
〜										
(交通費計)	73,500		73,500							
○月○日	1,100		1,100	ノート6冊 ボールペン4本	○○県○○市○○町○番地	○○文具店	文具商		出納責任者	
〜										
(文具費計)	4,500		4,500							
合計	248,000	78,000	326,000							

（二）選挙運動のために支出した費用

月日	金額又は見積額			支出の目的	支出を受けた者			金銭以外の支出の見積の根拠	支出をした者の別	備考
	金銭支出	金銭以外の支出	合計		住所又は主たる事務所の所在地	氏名又は団体名	職業			
○月○日	円	20,000円	20,000円	人件費	○○県○○市○○町○番地	乙川二郎	会社員	無償労務提供は ○日8,000=2日間	出納責任者	
〜										
(人件費計)	120,000	80,000	200,000							
○月○日	1,600		1,600	切手代20枚	○○県○○市○○町○番地	○○郵便局			丁山事務所	
〜										
(通信費計)	35,000		35,000							
○月○日		12,000	12,000	宿泊代1人分	○○県○○市○○町○番地	甲田旅館			候補者	
〜										
(休泊費計)	12,000	26,000	38,000							
合計	588,000	120,000	708,000							

備考
1　この帳簿には、選挙運動に関するすべての支出を記載するものとする。
2　この帳簿には、（一）立候補準備のために支出した費用（二）選挙運動のために支出した費用の二科目を設けて（又は各々分冊して）記載し、「支出をした者の別」の欄に、出納責任者又は候補者の支出、その他の者の支出の別を明записするものとする。
3　この帳簿の各科目には、（一）人件費　（二）家屋費　（イ）選挙事務所費　（ロ）集合会場費等　（三）通信費　（四）交通費　（五）印刷費　（六）広告費　（七）文具費　（八）食糧費　（九）休泊費　等の支出の費目を設けて、費目ごとに記載するものとする。
4　金銭の支出をしたときは、「金額又は見積額」欄中「金銭支出」の欄に記載し、財産上の義務を負担し、又は建物、船車馬、飲食物、その他の金銭以外の財産上の利益を使用し、若しくは費消したときは「金銭以外の支出」の欄に時価に見積った金額を記載し、その都度あわせて合計を記載する。
　　前項の場合において「金銭支出」と「金銭以外の支出」とは、別行に記載するものとする。
5　支出が金銭以外の支出であるときは、「金額又は見積額」欄中「金銭以外の支出の見積の根拠」の欄に、その員数、金額、見積の根拠等を記載するものとする。
6　「支出の目的」の欄には、支出の目的（謝金、人夫賃、家屋贈与等）、員数等を記載するものとする。
7　支出の中金銭、物品その他財産上の利益の供与又は交付の約束は、その約束の日の現在において記載するものとし、その旨並びにその履行の有無及び年月日を「備考」欄に記載するものとする。
8　選挙運動に係る公費負担対象支出（選挙運動用通常葉書、ビラ若しくはポスターの作成又は選挙事務所、選挙運動用自動車等若しくは個人演説会場の立札及び看板の類の作成に係るもの）については、「備考」欄にその旨を記載するものとする。
9　前各号に定めるものの外、出納責任者において必要と認める事項を記載することができる。

選挙運動費用収支報告書

ポイント

罰則▶P187

▶ 出納責任者は、選挙運動に関するすべての収入・支出について記載した報告書（選挙運動費用収支報告書）を、添付書類と一緒に選挙管理委員会に提出しなければなりません。
〔公職選挙法189条関係〕

▶ 提出する書類は、次のとおりです。
①選挙運動費用収支報告書（P117・118参照）
②収支報告書の内容が真実であることを誓う宣誓書
③支出を証明する領収書などの写し（支出の目的・金額・年月日が記載されていなければなりません）
④領収書などを徴し難い事情があった場合には、その旨並びに当該支出の目的・金額・年月日を記載した書面（P115参照）又は当該支出の目的を記載した書面（振込明細書に支出の目的が記載されているときは不要）（P116参照）並びに金融機関が作成した振込の明細書であって当該支出の金額および年月日を記載したものの写し

▶ 選挙運動費用収支報告書は、選挙期日の告示前、選挙期日の告示日から投票日まで、投票日以降、の3つの期間になされた収入・支出を併せて精算し、添付書類と一緒に、選挙期日から15日以内に提出しなければなりません。
精算した後になされた収支については、その収入・支出がなされた日から7日以内に提出しなければなりません。

▶ 選挙管理委員会に受理された選挙運動費用収支報告書の基幹部分は、要旨として公表されます。また、選挙運動費用収支報告書は、選挙管理委員会によって受理された日から3年間保存され、保存期間中は誰でも閲覧できます。〔公職選挙法192条関係〕

▶ 出納責任者は、会計帳簿、明細書、支出を証明する書面（領収書など）を、選挙運動費用収支報告書を提出した日から3年間、保存しなければなりません。〔公職選挙法191条関係〕

ケース解説 ▶ **出納責任者がいない場合、誰が選挙運動費用収支報告書の提出義務を負うか**
出納責任者が長期入院などで職務を果たせないときは、出納責任者の職務代行者が選挙運動費用収支報告書を提出しなければなりません。

領収書等を徴し難い事情があった支出の明細書【様式と記載例】

領収書等を徴し難い事情があった支出の明細書

支出の年月日	支出の金額	区 分	支出の目的	領収書その他の支出を証すべき書面を徴し難かった事情
○年○月○日	20,000 円	選挙運動	人件費	労務の無償提供のため
○年○月○日	50,000	立候補準備	事務所借料	事務所の無償提供のため
○年○月○日	1,400	立候補準備	電車賃	領収書の発行をしないため

1 令和○年○月○日 執行 山川市議会議員選挙

2 公職の候補者　　　　　氏 名 甲 山 乙 夫

3 出納責任者　　　　　　氏 名 海 川 次 郎

備考 1 「区分」の欄には、立候補準備のために要した費用及び選挙運動のために支出した費用の区分を明記するものとする。
　　 2 「支出の目的」の欄は、第三十号様式支出簿の備考中6の例により記載するものとする（P113参照）。

振込明細書に係る支出目的書

支　出　の　費　目	支　出　の　目　的
（二）家屋費　（イ）選挙事務所費	事務所借上料

1　令和〇年〇月〇日　執行　　山川市議会議員選挙
2　公職の候補者　　　　　　　氏名　甲山乙夫
3　出納責任者　　　　　　　　氏名　海山次郎

備考 1　「支出の費目」の欄は、第三十号様式支出簿の備考中3の例により記載するものとする。
2　「支出の目的」の欄は、第三十号様式支出簿の備考中6の例により記載するものとする。
3　支出の目的ごとに別葉とするものとする。
4　支出の目的に対応する振込明細書の写しと併せて提出するものとする。

選挙運動費用収支報告書【様式と記載例】

選 挙 運 動 費 用 収 支 報 告 書

1 令和 ○ 年 ○ 月 ○ 日　執行　山川市 議会議員選挙

2 公職の候補者　　　　　　　　住　所　山川県山川市甲町 1 丁目 2 番 3 号

　　　　　　　　　　　　　　　氏　名　甲野　太郎

3 ○ 月 ○ 日から

　○ 月 ○ 日まで　　　　　　　（第 / 回分）

4 収入の部

月　　　　　日	金額又は見積額	種別	寄附をした者 住所又は主たる事務所の所在地	氏名又は団体名	職業	金銭以外の寄附及びその他の収入の見積の根拠	備　考
○ 月 ○ 日	500,000 円	その他の収入					自己資金
○ 月 ○ 日	100,000	その他の収入					借入金
○ 月 ○ 日	100,000	寄附	○○県○○市○○町○番地	○○党	政党		
○ 月 ○ 日	50,000	寄附	○○県○○市○○町○番地	山川四郎	商業	事務所無料借上○日間50m²1室	
○ 月 ○ 日	30,000	寄附	○○県○○市○○町○番地	甲山太郎	〃	金銭の供与○年○月○日現金持参	
○ 月 ○ 日	20,000	寄附	○○県○○市○○町○番地	乙川二郎	会社員	無償労務従事○月○日、○月○日の2日間	
〜							
計　寄　　　附	435,000						
その他の収入	645,000						
計	1,080,000						
前回計　寄　　　附							
その他の収入							
計							
総額　寄　　　附	435,000						
その他の収入	645,000						
総　　　　　計	1,080,000						

参　　　　考	公費負担相当額　90,000円　　（内訳）ポスター作成費　90,000円

5 支出の部

月　　　　　日	金額又は見積額	区分	支出の目的	支出を受けた者 住所又は主たる事務所の所在地	氏名又は団体名	職業	金銭以外の支出の見積の根拠	備　考
○ 月 ○ 日	20,000 円	選挙運動	人件費	○○県○○市○○町○番地	乙川二郎	会社員	無償労務従事○月○日、○月○日の2日間	
〜								
（人件費計）	200,000							
○ 月 ○ 日	50,000	立候補準備	事務所費	○○県○○市○○町○番地	山川四郎	商業	無料借上○日間50m²1室	

選挙運動費用収支報告書【様式と記載例】

(イ)選挙事務所費計	100,000					
○ 月 ○ 日	3,000	選挙運動	集会会場費	○○県○○市○○町○番地	○○市民会館	
〜						
(ロ)集合会場費計	15,000					
(家屋費計)	115,000					
○ 月 ○ 日	1,240	選挙運動	切手代20枚	○○県○○市○○町○番地	○○郵便局	
〜						
(通信費計)	35,000					
○ 月 ○ 日	1,400	立候補準備	電車賃	○○県○○市○○町○番地	乙田一夫	農業
〜						
(交通費計)	73,500					
○ 月 ○ 日	12,000	選挙運動	宿泊代1人分	○○県○○市○○町○番地	甲田旅館	
〜						
(休泊費計)	38,000					

計	立候補準備のための支出	326,000
	選挙運動のための支出	708,000
	計	1,034,000
前回計	立候補準備のための支出	
	選挙運動のための支出	
	計	
総額	立候補準備のための支出	326,000
	選挙運動のための支出	708,000
	総計	1,034,000

	項　目	単価（A）	枚数（B）	金額（A）×（B）=（C）
支出のうち公費負担相当額	選挙運動用通常葉書の作成	円	枚	円
	ビラの作成	円	枚	円
	ポスターの作成	600円	150枚	90,000円
	選挙事務所の立札及び看板の類の作成	円	枚	円
	選挙運動用自動車等の立札及び看板の類の作成	円	枚	円
	個人演説会の立札及び看板の類の作成	円	枚	円
	計			90,000円

この報告書は、公職選挙法の規定に従って作製したものであって、真実に相違ありません。

令和 ○ 年 ○ 月 ○ 日

　　　　　　　　　　　　　出納責任者　住　所山川県山川市西海町2丁目
　　　　　　　　　　　　　　　　　　　　　　　1番3号

　　　　　　　　　　　　　　　　　　　　　海 川 次 郎

備考
1　収入の部においては、一件1万円を超えるものについては各件ごとに記載し、一件1万円以下のものについては種別ごとに各収入目における合計額を一欄に記載するものとする。なお、寄附については、一件1万円以下のものについても必要に応じて各件ごとに記載してさしつかえない。
2　収入の部中「種別」欄には、寄附金、その他の収入の区別を明記するものとする。
3　収入の部中「参考」欄には、選挙運動に係る公費負担相当額（選挙運動用通常葉書、ビラ若しくはポスターの作成または選挙事務所、選挙運動用自動車等若しくは個人演説会場の立札及び看板の類の作成に係るものをいう。以下同じ。）を記載するものとし、また、その他の参考となる事項を記載することができるものとする。
4　支出の部中「区分」欄には、立候補準備のために支出した費用と選挙運動のために支出した費用との区別を明記するものとする。
5　支出の部中「支出のうち公費負担相当額」欄には、選挙運動に係る公費負担相当額を記載するものとする。ただし、各項目において二以上の契約がある場合には、契約ごとに金額を追加して記載するものとする。
6　精算届後の報告書にあっては、「収入の部」「支出の部」ともに前回報告した金額をあわせて総額の欄に記載するものとする。
7　収入の部の記載については第三十号様式収入簿の備考中2から6までの例により、支出の部の記載については同様式支出簿の備考中3から9までの例によるものとする。
8　出納責任者本人が届出する場合にあっては本人確認書類の提示又は提出を、その代理人が届出する場合にあっては委任状の提示又は提出及び当該代理人の本人確認書類の提示又は提出を行うこと。ただし、出納責任者本人の署名その他の措置がある場合はこの限りではない。

118

V

選挙運動期間中の政治活動

選挙ごとの規制

選挙ごとの規制

ポイント ▶ 政党その他の政治活動を行う団体は、選挙が行われていないときは自由に政治活動ができますが、選挙の種類によっては、選挙期間中（選挙期日の告示日から投票日まで）は特定の政治活動が規制されます。

規制を受ける選挙と受けない選挙の区分は、次のとおりです。

選挙の種類	規制を受けるもの
都道府県の知事選挙	○
都道府県議会の議員選挙	○
指定都市の市長選挙	○
指定都市議会の議員選挙	○
指定都市以外の市長選挙	○
指定都市以外の市議会の議員選挙	×
特別区の区長選挙	○
特別区議会の議員選挙	×
町村長選挙	×
町村議会の議員選挙	×

※○印は規制を受ける選挙、×印は規制を受けない選挙

〔公職選挙法201条の8・9・13・266条関係〕

規制を受けない選挙

ポイント ▶ 町村長選挙、指定都市以外の市・特別区・町村の議会の議員選挙の場合、政党その他の政治活動を行う団体は、選挙運動に該当しない政治活動である限り、選挙期間中でも自由に政治活動を行うことができます。

ただし、選挙期間中は、次の行為は禁止されます。

①連呼行為

②政治活動用のポスターやビラなどの文書図画（新聞、雑誌、インターネット等を除く）に、候補者の氏名（氏名が類推されるものを含む）を記載すること

③国や地方公共団体が所有・管理する建物（職員住宅・公営住宅を除く）で、政治活動用の文書図画（新聞・雑誌を除く）を頒布（郵便等または新聞折込みによる頒布を除く）すること

〔公職選挙法201条の13関係〕

ケース解説 ▶ **図書館に配達される新聞の折込み広告も禁止されるか（上記③）**

国や地方公共団体が所有・管理する建物への選挙期間中の頒布は、郵便等による頒布と新聞折込みによる頒布のみ禁止されません。

ポイント ▶ 政党その他の政治活動を行う団体が発行する機関紙誌（新聞紙や雑誌）のうち、町村長選挙や指定都市以外の市・特別区・町村の議会の議員選挙についての報道・評論を選挙期間中に掲載できるものは、次の (1) または (2) の機関紙誌に限られます。

(1) 次のすべての条件を満たすもの

①新聞では毎月3回以上、雑誌では毎月1回以上、号をおって定期的に有償で発行しているもの

②第3種郵便物の承認のあるもの

③選挙期日の告示の日前1年（時事に関する事項を掲載する日刊新聞については6ヵ月）以来、①および②に該当し、引き続き発行するものであること

(2) (1) に該当する新聞紙または雑誌を発行する者が発行する新聞紙または雑誌で①および②に該当するもの

ただし、点字新聞については、(1)②の条件は必要がありません。

〔公職選挙法148条関係〕

▶ 町村長選挙や指定都市以外の市・特別区・町村の議会の議員選挙と、その他の選挙（都道府県知事選挙、市長選挙、特別区長選挙、都道府県議会・指定都市議会の議員選挙）が重複して行われる場合は、上記(1)または(2)の条件を満たした機関紙誌であっても、確認団体の届出機関紙誌（P131参照）でなければ、その他の選挙についての報道・評論を掲載することはできません。

規制を受ける選挙

ポイント ▶ 都道府県知事選挙、市長選挙、特別区長選挙、都道府県や指定都市の議会の議員選挙の場合、政党その他の政治活動を行う団体は、選挙期間中に限り、特定の政治活動が禁止されます（P123参照）。
ただし、確認団体は、一定の制限のもとに、この政治活動を行うことができます。

▶ 政党その他の政治団体が確認団体となるには、選挙の種類に応じ、次の条件を満たさなければなりません。
①都道府県知事選挙、市長選挙、特別区長選挙の場合
・所属候補者（立候補届出の際、特定の政党その他の政治団体に所属している旨を届け出た候補者）がいること
・または、無所属の候補者を推薦・支持していること
②都道府県議会の議員選挙、指定都市の市議会議員選挙の場合
・選挙の行われる区域を通じて3人以上の所属候補者がいること
〔公職選挙法201条の8・9関係〕

▶ 確認団体となるには、選挙管理委員会に申請して、確認書の交付を受けなければなりません。無所属の候補者を推薦・支持する政党その他の政治団体に限り、無所属候補者本人の同意書を添付して確認を受ける必要があります。
〔公職選挙法201条の9関係〕

▶ 確認団体の所属候補者は、他の確認団体に所属することはできません。また、確認団体から推薦・支持を受けた無所属候補者は、他の確認団体から推薦・支持を受けることはできません。

ケース解説 ▶ 「政治活動を行う団体」とはどのようなものか
政治上の主義や施策を推進したり、支持したり、反対したりすることを目的とする団体です。特定の政治家を推薦したり、支持したり、反対したりする団体も含まれます。文化団体や労働団体のように、外見上は政治目的以外の目的を掲げている団体であっても、事実上は政治活動を主に行っていれば、「政治活動を行う団体」に含まれます。

ポイント ▶ 選挙期間中に規制を受ける政治活動は、次のとおりです。
ただし、確認団体に認められた政治活動も、投票日当日は活動
が禁止されます。

政談演説会の開催	△（確認団体のみ可）
街頭政談演説の開催	△（確認団体のみ可）
政治活動用自動車の使用	△（確認団体のみ可）
拡声機の使用	△（確認団体のみ可）
ポスターの掲示	△（確認団体のみ可）
立札・看板などの掲示＊1	△（確認団体のみ可）
ビラなどの頒布	△（確認団体のみ可）
機関紙誌の発行	△（確認団体のみ可）
連呼行為	×（例外を除き禁止）
公共の建物での文書図画の頒布	×（例外を除き禁止）
特定の候補者の氏名記載＊2	×（一切禁止）

＊1　政党その他の政治団体の本部・支部に掲示するものを除く
＊2　新聞紙、雑誌、インターネット等への記載を除く

※それぞれの政治活動の規制の内容については、次頁以降をご
　覧ください。

規制を受ける政治活動

政談演説会

ポイント

罰則 ▶ P188

▶ 政談演説会とは、政党その他の政治団体が、政策の普及や宣伝のために行う演説会をいいます。

▶ 選挙期間中（投票日を除く）に確認団体が開催できる政談演説会の回数は、選挙の種類に応じ、次のように制限されます。
　①都道府県知事選挙の場合は、衆議院議員選挙の小選挙区ごとに1回（例：小選挙区数が6区ある京都府では6回）
　②市長選挙と特別区長選挙の場合は、2回
　③都道府県や指定都市の議会議員選挙の場合は、所属候補者の数の4倍（例：ある確認団体から3人が議員選挙に立候補しているとき、その確認団体が開催できる回数は12回まで）
　　　　　　　　　　　　　　　（公職選挙法201条の8・9、266条関係）

▶ 政談演説会を開催しようとする確認団体は、選挙管理委員会にあらかじめ届け出なければなりません。
　　　　　　　　　　　　　　　（公職選挙法201条の11関係）

▶ 他の選挙が重複して行われている場合には、他の選挙の投票日当日に限り、投票所、共通投票所を閉じるまでの間は、投票所の入口から300m以内の区域で政談演説会を開催することはできません。
　　　　　　　　　　　　　　　（公職選挙法201条の12関係）

▶ 確認団体が開催する政談演説会では、政策の普及や宣伝のほか、候補者の推薦・支持など選挙運動のための演説をしたり、候補者自らが選挙運動のための演説をしたりすることもできます。
　ただし、選挙運動のための演説が認められるのは、あくまでも政策の普及や宣伝を主として行い、選挙運動のための演説が従として行われる場合に限ります。
　　　　　　　　　　　　　　　（公職選挙法201条の11関係）

▶ 政談演説会の会場では、政治活動のための連呼行為をすることができますが、選挙運動のための連呼行為は禁止されます。
　　　　　　　　　　　　　　　（公職選挙法201条の13関係）

ポイント ▶ 政談演説会の会場内に掲示できるポスターは、次の条件をすべて満たすものに限られます。
　①大きさが、85cm×60cm以内であること
　②選挙管理委員会が交付する証紙・検印があること
　③確認団体の名称のほか、掲示責任者や印刷者の氏名・住所（法人の場合は法人名・所在地）が記載されていること
　④当該選挙区（選挙区がないときは、当該選挙が行われる区域）の特定の候補者の氏名（氏名が類推されるものを含む）が記載されていないこと
　　確認団体のシンボルマークだけを印刷したものもポスターに該当するため、掲示するときは上記①〜④の制限を受けます。
〔公職選挙法201条の8・9・11関係〕

▶ ポスター以外の掲示物については、当該選挙区（選挙区がないときは、当該選挙が行われる区域）の特定の候補者の氏名（氏名が類推されるものを含む）を記載したものでなければ、会場内に横断幕、懸すい幕、立札・看板、ちょうちん、のぼり、旗などを自由に掲示することができます。
〔公職選挙法201条の8・9・13関係〕

▶ テレビ、ラジオ、新聞、パンフレットなどで政談演説会の開催を知らせることは自由にできますが、ポスターやビラなどで知らせる場合には、次のような制限があります。
　①ポスターについては、枚数や掲示場所の制限など（P128参照）
　②ビラについては、散布の禁止など（P130参照）
　③立札・看板については、個数の制限など（P129参照）

ケース解説 ▶ **政談演説会の会場内で確認団体のバッジを着けてもよいか**
会場内・外にかかわらず、身体に着けるバッジやワッペンなどは、確認団体の政治活動である限り、自由に着けることができます。ただし、特定の候補者の氏名（氏名が類推されるものを含む）が記載されていないものに限ります。

▶ **新聞社等が各党の代表を招いて行う時局討論会は政談演説会か**
時局討論会の主催者と討論者との間に特別な関係がなく、純粋に第三者が主催する場合には、政談演説会ではありません。

125

街頭政談演説

ポイント

罰則 ▶ P188

▶ 街頭政談演説とは、政党その他の政治団体が、街頭や公園など
で政策の普及や宣伝のために行う演説をいいます。

▶ 街頭政談演説は、必ず政治活動用自動車（次頁参照）を使用し、
停止した自動車の車上またはその周囲で行わなければなりません。
ただし、停止した自動車の車上またはその周囲で演説を行う場
合でも、一般の交通から遮断された場所において、開催の予告
をして聴衆を集めた上で開催される場合には、街頭政談演説で
はなく政談演説会としての規制を受けます。

〔公職選挙法201条の8・9関係〕

▶ 街頭政談演説は、午前8時から午後8時までの間に限り、開催
することができます。

〔公職選挙法201条の12関係〕

▶ 街頭政談演説を行うときは、同じ場所に長時間とどまらないよ
うに努めなければなりません。また、学校、病院、診療所、そ
の他の療養施設などの周辺で街頭政談演説を行うときは、授業
や診療を妨げないために、静かに演説するよう努めなければな
りません。なお、他の選挙が重複して行われている場合には、
他の選挙の投票日当日に限り、投票所、共通投票所を閉じるま
での間は、投票所の入口から300m以内の区域で街頭政談演説
を行うことはできません。

〔公職選挙法201条の12関係〕

▶ 街頭政談演説では、政策の普及や宣伝のほか、候補者の推薦・
支持など選挙運動のための演説をしたり、候補者自らが選挙運
動のための演説をすることもできます。

〔公職選挙法201条の11関係〕

▶ 街頭政談演説の場所では、政治活動のための連呼行為をするこ
とはできますが、選挙運動のための連呼行為は禁止されます。

〔公職選挙法201条の13関係〕

政治活動用自動車

ポイント

罰則▶P188

▶ 政治活動用自動車とは、政党その他の政治団体が、政策の普及宣伝や演説の告知のために使用する自動車をいいます。

▶ 確認団体が使用できる政治活動用自動車の台数は、選挙の種類に応じて、次のように制限されています。
　①都道府県知事選挙、市長選挙、特別区長選挙の場合は、1台
　②都道府県や指定都市の議会議員選挙の場合は、1台で、所属候補者の数が3人を超える確認団体は5人増えるごとに1台追加（例：所属候補者数が8〜12人の確認団体は2台、13〜17人の確認団体は3台）

〔公職選挙法201条の8・9関係〕

▶ 政治活動用自動車には、政治活動用自動車であることを証明する表示板（確認書と一緒に交付される）を、前面など外部から見えやすい箇所に、使用中常に掲示しておかなければなりません。

〔公職選挙法201条の11関係〕

▶ 政治活動用自動車には、特定の候補者の氏名（氏名が類推されるものを含む）を記載したものでなければ、政党名や政策を記載した立札・看板を取り付けたり、車体に記載したりすることもできます。

〔公職選挙法201条の13関係〕

拡声機

ポイント

罰則▶P188

▶ 確認団体は、政策を普及・宣伝したり、演説会を告知したり、自分たちが発行する機関紙誌を普及・宣伝したりするために拡声機を使用することができますが、次の場所以外で拡声機を使用することはできません。
　①政談演説会の会場
　②街頭政談演説の場所
　③政治活動用自動車の車上

〔公職選挙法201条の8・9関係〕

ポスター

ポイント

罰則▶P188

▶ 確認団体が掲示できるポスターは、85cm×60cm以内のものに限られます。また、掲示できる枚数は、選挙の種類に応じ、次のように異なります。

①都道府県知事選挙の場合は、衆議院議員選挙の小選挙区ごとに500枚以内（例：小選挙区が6区ある京都府では3,000枚以内）

②市長選挙と特別区長選挙の場合は、1,000枚以内

③都道府県や指定都市の議会議員選挙の場合は、1選挙区ごとに100枚以内で、選挙区内の所属候補者の数が1人を超える確認団体は1人増えるごとに50枚追加（例：所属候補者数が5人の確認団体は、100＋50×4＝300枚以内）

〔公職選挙法201条の8・9関係〕

▶ ポスターには、選挙管理委員会が交付する証紙を貼るか、または検印を受けなければなりません。

また、ポスターの表面には、確認団体の名称のほか、掲示責任者や印刷者の氏名と住所を記載しなければなりません。

〔公職選挙法201条の11関係〕

▶ ポスターを掲示する際には、次のような制限があります。

①国や地方公共団体が管理・所有する場所には掲示できない（ただし、橋りょう、電柱、公営住宅、地方公共団体の管理する食堂や浴場に限り、その管理者の承諾があれば掲示できる）

②他人が管理・所有する物件に掲示するときは、まずその居住者に、空屋などで居住者がいない場合にはその管理者に、管理者がいない場合にはその所有者に、承諾を得なければならない

③無断でポスターを掲示した場合には、居住者・管理者・所有者は自由にポスターを撤去することができる

〔公職選挙法201条の11関係〕

▶ ポスターには、確認団体の政策などのほか、所属候補者や推薦・支持する無所属候補者の選挙運動のための内容（例えば、あなたの1票を○○党候補者に、など）を記載することもできます。

ただし、特定の候補者の氏名（氏名を類推するものを含む）を記載することはできません。

〔公職選挙法201条の8・9・13関係〕

立札・看板など

ポイント

罰則 ▶ P188

▶ 政党その他の政治団体は、選挙期間中、その本部や支部で掲示する場合に限り、立札・看板の類を掲示することができますが、確認団体はさらに、選挙期間中（投票日を除く）は、次の場合にも立札・看板の類を掲示することができます。
①政談演説会の告知用として街頭などに掲示する
②政談演説会の会場内に掲示する
③政治活動用自動車に取り付けて使用する

▶ 確認団体が、立札・看板の類を政談演説会の告知用として使用する場合は、1つの政談演説会ごとに5個以内に限られます。ただし、政談演説会の会場内で使用する場合は、枚数制限はありません。

▶ 立札・看板の類には、政策の普及や宣伝など政治活動に関する記載をすることはできますが、投票の依頼など選挙運動に関する記載をしたり、特定の候補者の氏名（氏名が類推されるものを含む）を記載したりしてはいけません。

〔公職選挙法201条の8・9関係〕

▶ 政談演説会告知用の立札・看板の類には、掲示責任者の氏名と住所を記載しなければなりません。
また、選挙管理委員会が定める表示をしなければなりません。

〔公職選挙法201条の11関係〕

▶ 立札・看板の類は、ポスターの場合と同じように、掲示できる場所が制限されます（P128参照）。
また、政談演説会告知用の立札・看板の類は、政談演説会が終了したらすぐに撤去しなければなりません。

〔公職選挙法201条の11関係〕

ケース解説 ▶ **政治活動用自動車に取り付けて使用する立札・看板の類の枚数制限**
政談演説会告知用の立札・看板の類を取り付けて使用する場合は、1つの政談演説会ごとに5枚以内に限られますが、政治活動用自動車に取り付けて使用する立札・看板の類には枚数制限がありません。

ビラ

ポイント

罰則▶P188

▶ ビラとは、宣伝のために不特定多数の人に頒布する1枚刷り程度の印刷物をいい、リーフレットやチラシなども含まれます。

▶ ビラは、政談演説会で配布したり、街頭で通行人に直接手渡したり、郵便や新聞折込みなどの方法で配ることができます。
ただし、多数の通行人に向かってばらまいたり、小型飛行機などから住宅団地などに向かって散布したりしてはいけません。
〔公職選挙法201条の8・9・13関係〕

▶ 確認団体が頒布することができるビラは、2種類以内に限られます。ビラを使用するときは、あらかじめ選挙管理委員会に届け出て、ビラの表面に確認団体の名称、選挙の種類、政治活動用ビラであること表示する記号を記載しなければなりません。
〔公職選挙法201条の8・9・11関係〕

▶ ビラには、政策の普及や宣伝などの政治活動のほか、所属候補者の選挙運動のための内容（例えば、あなたの1票を○○党候補者に、など）を記載をすることもできます。
ただし、特定の候補者の氏名（氏名が類推されるものを含む）を記載してはいけません。
〔公職選挙法201条の8・9・13関係〕

ケース解説

▶ **シンボルマークだけを印刷したチラシも届出が必要か**
確認団体を表象する図案（いわゆるシンボルマーク）だけが印刷されているものもビラに該当するため、使用するときは選挙管理委員会に届け出る必要があります。

▶ **ビラに枚数制限や規格制限はあるか**
枚数制限も、規格制限もありません。

▶ **パンフレットを自由に配布してもよいか**
パンフレットはビラに当てはまらないため、自由に配布することができます。ただし、政治活動のためには使用できますが、選挙運動のためには使用できません。

機関紙誌

ポイント

罰則▶P188

▶ 都道府県知事選挙、市長選挙、特別区長選挙、都道府県議会・指定都市議会の議員選挙についての報道・評論を、選挙期間中に掲載できる機関紙誌（新聞紙や雑誌）は、確認団体の本部が発行する機関新聞紙１紙・機関雑誌１誌に限られます。

▶ これらの機関紙誌に報道・評論を掲載するときは、掲載する機関紙誌を、選挙のつど、各選挙ごとに、あらかじめ選挙管理委員会に届け出なければなりません。
したがって、前回の選挙で届け出たからといって、今回の選挙で無届で報道・評論することはできません。また、例えば、知事選挙と市長選挙が重複して行われるとき、両方の選挙について報道・評論しようとする場合には、県と市の両方の選挙管理委員会に届け出なければなりません。

▶ 届出の際には、機関紙誌の名称、編集人・発行人の氏名、創刊年月日、発行期間、発行方法を記載しなければなりません。
〔公職選挙法施行令129条の7関係〕

▶ 定期的に刊行している新聞紙や雑誌でなくても届出はできますが、発行期間（創刊から届出日までの期間）が６ヵ月未満の機関新聞紙については、政談演説会の会場でしか頒布できません（機関雑誌については、政談演説会での頒布実績がない場合は頒布できない）。
発行期間が６ヵ月以上の機関紙誌については、通常の方法である限り、自由に頒布することができます。

▶ 機関紙誌の号外、臨時号、増刊号、その他の臨時に発行するものには、選挙に関する報道・評論を記載して頒布することはできません。また、選挙に関する報道・評論を掲載しなくとも、特定の候補者の氏名またはその氏名が類推されるような事項が記載されているときは、当該選挙区内では頒布できません。
〔いずれも公職選挙法201条の15関係〕

ケース解説 ▶ 「通常の方法」でない方法とはどのようなものか
例えば、通常は団体や組合などの内部のみに頒布されているものを外部の人に頒布したり、通常は有償で頒布しているものを無償で頒布することなどです。

連呼行為

ポイント

罰則 ▶ P188

▶ 政治活動のための連呼行為は、選挙期間中は禁止されます。
ただし、確認団体が政治活動のために行う連呼行為は、次の場合に限り、例外として認められています。
①政談演説会の開催中に会場内で行う連呼行為
②午前8時から午後8時に限り、街頭政談演説の場所や政治活動用自動車の車上で行う連呼行為

〔公職選挙法201条の13関係〕

▶ 他の選挙が重複して行われている場合には、他の選挙の投票日当日に限り、投票所、共通投票所を閉じるまでの間は、投票所の入口から300m以内の区域で連呼行為をすることはできません。

〔公職選挙法201条の12関係〕

▶ 学校、病院、診療所、その他の療養施設などの周辺で連呼行為を行うときは、授業や診療を妨げないために、静穏の保持に努めなければなりません。

〔公職選挙法201条の13関係〕

ケース解説 ▶ **確認団体は選挙運動のための連呼行為をしてもよいか**
確認団体に認められているのは、政策の普及・宣伝や、政談演説会・街頭政談演説の告知など、政治活動のための連呼行為に限られているのであって、投票依頼など選挙運動のための連呼行為はいっさい禁止されています。

▶ **政談演説会で司会者が候補者を弁士として紹介するために、候補者の氏名を連呼してよいか**
候補者を弁士として紹介する限りにおいては、一般的に選挙運動のための連呼行為に当てはまらないため、かまいません。
ただし、「次の弁士はわが党から立候補している○○です。ぜひ1票を」などと投票依頼の連呼をすれば、選挙運動のための連呼行為に当てはまり、禁止されます。

公共の建物での文書図画の頒布

ポイント ▶ 政党その他の政治活動を行う団体は、確認団体であるか否かに
かかわらず、選挙期間中は、国や地方公共団体が所有・管理す
罰則▶P188 る建物（職員住宅・公営住宅を除く）で、政治活動用の文書図
画（新聞・雑誌を除く）を頒布してはいけません。
ただし、確認団体が国や地方公共団体の所有・管理する建物で
政談演説会を開催する場合に限り、政治活動用の文書図画を頒
布することができます。

〔公職選挙法201条の13関係〕

ケース解説 ▶ **市立図書館に政治活動用ビラを郵送してもよいか**
国や地方公共団体の所有・管理する建物への選挙期間中の頒布は、
郵送による頒布と新聞折込みによる頒布のみ禁止されません。

特定の候補者の氏名の記載

ポイント ▶ 政党その他の政治活動を行う団体は、確認団体であるか否かに
かかわらず、選挙期間中は、政治活動用の文書図画（新聞紙及
罰則▶P188 び雑誌並びにインターネット等を利用する方法により頒布され
るものを除く）に特定の候補者の氏名（氏名が類推されるもの
を含む）を記載してはいけません。　〔公職選挙法201条の13関係〕

ケース解説 ▶ **候補者が政治活動用ポスターの掲示責任者の場合はどうなるか**
候補者が政治活動用ポスターの掲示責任者であっても、そのポ
スターに候補者の氏名を記載することはできません。したがっ
て、政治活動用ポスターには掲示責任者の氏名と住所を記載し
なければならないため、候補者は掲示責任者になれないことに
なります。

政治活動用ポスターの撤去

ポイント ▶ 政党その他の政治活動を行う団体が選挙期日の告示前に掲示した
政治活動用ポスターのうち、そこに氏名や氏名類推事項が記載
罰則▶P188 されている者が候補者になったポスターについては、当該選挙
区において、その者が候補者となった日のうちに撤去しなけれ
ばなりません。

〔公職選挙法201条の14関係〕

133

VI

当選

当選に関する注意

法定得票数

ポイント ▶ 得票数の多い人から順次その選挙の定数に達するまで当選人が決定しますが、最多得票数の人でも、次のように一定以上の得票数（法定得票数）に達していなければ、当選人となることができません。

①都道府県知事・市長・特別区長・町村長選挙の場合

$$法定得票数＝有効投票総数×\frac{1}{4} 以上$$

②都道府県・市・特別区・町村の議会の議員選挙の場合

$$法定得票数＝\frac{有効投票総数}{選挙区の定数}×\frac{1}{4} 以上$$

〔公職選挙法95条関係〕

供託金の没収

ポイント ▶ 一定の得票数（供託金の没収点）に達していなければ、供託金は没収されます。

①都道府県知事・市長・特別区長・町村長選挙の場合

$$供託金の没収点＝有効投票総数×\frac{1}{10} 未満$$

②都道府県・市・特別区・町村の議会の議員選挙の場合

$$供託金の没収点＝\frac{有効投票総数}{選挙区の定数}×\frac{1}{10} 未満$$

〔公職選挙法93条関係〕

請負業者の届出

ポイント ▶ 都道府県、市区町村の長および議会の議員選挙に当選した人で、当該都道府県、市区町村と請負関係にある人は、すぐに請負関係をやめ、当選の告知を受けた日から5日以内に、選挙管理委員会に請負関係を有しなくなった旨を届け出ないと、当選の資格を失います。請負関係を有する者とは、都道府県または市区町村に対し、若しくは都道府県または市区町村が経費を負担する事業につき都道府県または市区町村の長、委員会、委員あるいはその委任を受けた者に対し、

ア　自ら請負をする者およびその支配人

イ　主として請負をなす法人（ただし、都道府県または市区町村の長については、当該都道府県または市区町村が資本金、基本金その他これらに準ずるものの二分の一以上を出資している法人を除く）の

（ア）　無限責任社員、取締役、執行役若しくは監査役若しくはこれに準ずる者

（イ）　支配人

（ウ）　清算人

　　　　です。

〔公職選挙法104条、地方自治法92条の2、142条関係〕

兼職禁止の職にある者の届出

ポイント ▶ いわゆる単純労務に従事する地方公務員のように、在職のまま立候補できる公務員（P28参照）で法律で兼職を禁止された公務員が当選したときは、当選の告知を受けたときから以前の公職を失ったものとみなされて当選が確定します。

ただし、更正決定または繰上補充により当選したときは、当選の告知を受けた日から5日以内に、選挙管理委員会に以前の公職をやめたことを届け出ないと、当選の資格を失います。

〔公職選挙法103条関係〕

選挙期日後の挨拶行為

ポイント ▶ 選挙が終わった後でも、当選（または落選）の挨拶として、次の行為をしてはいけません。

罰則 ▶ P186

①戸別訪問すること

②挨拶状を出すこと（自筆の信書や答礼目的の信書やインターネット等を利用する方法で頒布される文書図画を除く）

③感謝の言葉などを記載した文書図画を掲示すること

④新聞や雑誌に挨拶広告を出すこと

⑤テレビやラジオを通じて挨拶広告を放送すること

⑥当選祝賀会やその他の集会を開催すること

⑦自動車を連ねて往来するなど、気勢を張る行為をすること

⑧当選のお礼に、当選人の氏名や政党名などを言い歩くこと

〔公職選挙法178条関係〕

137

当選の無効

当選の無効

ポイント ▶ 公職選挙法に違反すれば、当選人の当選が無効となることがあります。当選が無効となるケースは、大きく分けて、候補者自身の違反行為による場合と、連座制による場合とがあります。

▶ 連座制とは、候補者や立候補予定者と一定の関係にある者（親族など）や選挙運動で重要な役割をはたす者が、買収罪などの悪質な選挙違反を犯して刑に処せられた場合には、たとえ候補者や立候補予定者が買収などに関わっていなくても、当選が無効になるとともに、一定の立候補制限が科せられるという制度です。

候補者の違反行為による当選無効

ポイント ▶ 候補者自身が公職選挙法に違反して刑に処せられた場合、制裁として、裁判の確定と同時に当選が無効になります。

罰則 ▶ P195　ただし、次の違反行為を除きます。

①あいさつを目的とする有料広告の制限違反

②選挙人名簿の抄本等の閲覧に係る命令違反および報告義務違反

③選挙期日後のあいさつ行為の制限違反

④選挙運動に関する収入・支出の規制違反（届出前の寄附の受領および支出の禁止の規定に違反して寄附を受け、または支出をしたときを除く）

⑤寄附の制限違反

⑥公職の候補者等の寄附の制限違反（当該選挙に関し、または通常一般の社交の程度を越えて寄附をしたもの、あるいは公職の候補者の当選または被選挙権を失わせる目的をもって寄附を勧誘し、または要求したものを除く）

⑦公職の候補者等の関係会社等の寄附の制限違反

⑧公職の候補者等の氏名等を冠した団体の寄附の制限違反

⑨後援団体に関する寄附等の制限違反（供応接待をし、または金銭もしくは記念品その他の物品を供与したものを除く）

⑩政党その他の政治活動を行う団体の政治活動の規制違反

⑪選挙人等の偽証罪

　　　　　　　　　　　　　　　　　　〔公職選挙法251条関係〕

連座制Ⅰ（総括主宰者・出納責任者・地域主宰者）

ポイント

罰則▶P195

▶ 総括主宰者・出納責任者・地域主宰者が、次の選挙犯罪を犯し、罰金以上の刑に処せられた場合（執行猶予を含む）には、候補者がこれらの者は総括主宰者・出納責任者・地域主宰者に該当しないことなどを理由に提訴して、勝訴しない限り、候補者の当選は無効となり、さらに5年間、当該選挙に係る選挙区（選挙区がないときは、選挙の行われる区域）において立候補することが禁止されます。
① 買収罪
② 利害誘導罪
③ 多数人買収罪・多数人利害誘導罪
④ 公職の候補者や当選人に対する買収罪・利害誘導罪
⑤ 新聞紙・雑誌の不法利用罪
⑥ 選挙費用の法定額違反（出納責任者のみ）
※それぞれの罰則についてはP160以降参照

〔公職選挙法251条の2関係〕

▶ 総括主宰者・出納責任者・地域主宰者が罰金以上の刑に処せられると、裁判所から候補者にその旨が通知されます。候補者は、通知を受けた日から30日以内に、検察官を被告として、高等裁判所に提訴し、勝訴しない限り、候補者の当選は無効となり、さらに同じ選挙で同じ選挙区から5年間立候補できなくなります。したがって、通知を受けた日から30日以内に提訴しなかったり、途中で訴えを取り下げたり、原告の敗訴が確定すれば、ただちに候補者の当選が無効となります（これらが確定するまでは無効ではありません）。

ただし、総括主宰者・出納責任者・地域主宰者が、いわゆるおとり行為や寝返り行為（P167参照）により選挙犯罪を犯した場合には、5年間の立候補制限は科されません。

〔公職選挙法210条、251条の2・5関係〕

▶ **総括主宰者や地域主宰者とはどのような人か**

総括主宰者とは、選挙運動の全体をとりまとめる人をいいます。また、地域主宰者とは、一部の地域の選挙運動をとりまとめる人をいいます。

連座制Ⅱ（親族・秘書）

ポイント ▶ 候補者または立候補予定者の親族や秘書で、候補者または立候補予定者・総括主宰者・地域主宰者と意思を通じて選挙運動をした者が、次の選挙犯罪を犯し、禁錮以上の刑に処せられた場合（執行猶予を含む）には、候補者または立候補予定者の当選は無効となり、さらに5年間、当該選挙に係る選挙区（選挙区がないときは、選挙の行われる区域）において立候補することが禁止されます。

罰則 ▶ P195

①買収罪
②利害誘導罪
③多数人買収罪・多数人利害誘導罪
④公職の候補者や当選人に対する買収罪・利害誘導罪
⑤新聞紙・雑誌の不法利用罪
※それぞれの罰則についてはP160以降参照

〔公職選挙法251条の2関係〕

▶ 候補者または立候補予定者の親族や秘書が禁錮以上の刑に処せられると、検察官は、刑が確定した日から30日以内に、候補者または立候補予定者を被告として、当選無効や立候補制限について高等裁判所に提訴することになっています。この訴訟の結果、親族や秘書が、候補者または立候補予定者・総括主宰者・地域主宰者と意思を通じて選挙運動をしていたことなどが認められれば、候補者や立候補予定者の当選は無効となり、さらに同じ選挙で同じ選挙区から5年間立候補できないことになります。

したがって、候補者や立候補予定者の当選が無効となるのは、親族や秘書が刑に処せられたときではなく、その後の訴訟で候補者や立候補予定者が敗訴したときです。

ただし、親族や秘書が、いわゆるおとり行為や寝返り行為（P167参照）により選挙犯罪を犯した場合には、5年間の立候補制限は科されません。

〔公職選挙法211条、251条の2・5関係〕

ケース解説 ▶ **親族や秘書とはどのような人か**
親族とは、候補者や立候補予定者の配偶者、父母、子、兄弟姉妹をいいます。秘書とは、候補者や立候補予定者に使用され、政治活動を補佐する人をいいます。

連座制Ⅲ（組織的選挙運動管理者等）

ポイント ▶ 組織的選挙運動管理者等が、次の選挙犯罪を犯し、禁錮以上の刑に処せられた場合（執行猶予を含む）には、候補者または立候補予定者の当選は無効となり、さらに5年間、当該選挙に係る選挙区（選挙区がないときは、選挙の行われる区域）において立候補することが禁止されます。

罰則 ▶ P195

①買収罪
②利害誘導罪
③多数人買収罪・多数人利害誘導罪
④公職の候補者や当選人に対する買収罪・利害誘導罪
⑤新聞紙・雑誌の不法利用罪
※それぞれの罰則についてはP160以降参照

〔公職選挙法251条の3関係〕

▶ 組織的選挙運動管理者等が禁錮以上の刑に処せられると、検察官は、刑が確定した日から30日以内に、候補者や立候補予定者を被告として、当選無効や立候補制限について高等裁判所に提訴することになっています。この訴訟の結果、選挙犯罪を犯した者が組織的選挙運動管理者等であることなどが認められれば、候補者や立候補予定者の当選は無効となり、さらに同じ選挙で同じ選挙区から5年間立候補できないことになります。
したがって、候補者や立候補予定者の当選が無効となるのは、組織的選挙運動管理者等が刑に処せられたときではなく、その後の訴訟で候補者や立候補予定者が敗訴したときです。
ただし、次の場合には、候補者や立候補予定者の当選は無効とならず、5年間の立候補制限も科されません。
①組織的選挙運動管理者等が、いわゆるおとり行為や寝返り行為（P167参照）により選挙犯罪を犯したとき
②組織的選挙運動管理者等が選挙犯罪を犯さないよう、候補者や立候補予定者が相当の注意を怠らなかったとき

〔公職選挙法211条、251条の3・5関係〕 141

▶ 組織的選挙運動管理者等とは、候補者や立候補予定者と意思を通じて組織により行われる選挙運動において、選挙運動の計画の立案・調整を行う者、選挙運動に従事する人たちの指揮・監督を行う者、その他選挙運動の管理を行う者をいいます。

ケース解説 ▶ 「選挙運動の計画の立案・調整を行う者」とは
選挙運動全体の計画を立てたり、その調整を行ったりする者のほか、ビラ配り、ポスター貼り、個人演説会、街頭演説などの計画を立てたり、その調整を行ったりする者をいいます。いわば司令塔の役割を担う者です。

▶ 「選挙運動に従事する人たちの指揮・監督を行う者」とは
ビラ配り、ポスター貼り、個人演説会の会場設営、電話作戦などに当たる者を、指揮したり、監督したりする者をいいます。いわば前線のリーダーの役割を担う者です。

▶ 「その他選挙運動の管理を行う者」とは
選挙運動に従事する者への弁当の手配、車の手配、個人演説会場の確保などの管理をする者をいいます。いわば後方活動の管理を担う者です。

▶ 「組織」にはどのようなものが含まれるか
例えば、政党、政党の支部、政党の青年部・婦人部、候補者や立候補予定者本人の後援会、系列の地方議員の後援会、地元事務所、選挙事務所、政治支援団体、選挙支持母体などです。

▶ 会社や町内会などは「組織」に含まれるか
会社、労働組合、宗教団体、協同組合、業界団体、青年団、同窓会、町内会、ＰＴＡなど、本来は政治活動や選挙運動以外の目的をもって存在していると思われる集団でも、特定の候補者や立候補予定者を当選させるために、構成員が相互に役割を分担し、協力し合って選挙運動を行う場合には「組織」に当てはまります。

▶ 「意思を通じて」とはどのようなことか
「意思を通じて」とは、意思の連絡が明らかにある場合に限らず、

組織ぐるみで選挙運動を行うことについて暗黙のうちに相互の意思の疎通がある場合も含まれます。例えば、ある候補者が選挙のたびごとに組織ぐるみで選挙運動を行っており、選挙運動の管理担当者と"今回もよろしく"程度のやりとりがあった場合でも、「意思を通じて」いるとみなされることがあります。

連座制の対象者・要件・効果

対象者	要件
総括主宰者	買収罪等の選挙犯罪を犯し、罰金以上の刑に処せられた場合（執行猶予を含む）
出納責任者	
地域主宰者	
組織的選挙運動管理者等	買収罪等の選挙犯罪を犯し、禁錮以上の刑に処せられた場合（執行猶予を含む）
親族	
秘書	

＊要件となる選挙犯罪の種類
　買収罪・利害誘導罪、多数人買収罪・多数人利害誘導罪、公職の候補者や当選人に対する買収罪・利害誘導罪、新聞紙・雑誌の不法利用罪、選挙費用の法定額違反（出納責任者のみ）

連座制の効果	①当選無効 ②5年間の立候補禁止（同一選挙・同一選挙区から）

＊免責条項
・おとり行為・寝返り行為
・候補者が相当の注意を怠らなかったとき（組織的選挙運動管理者等のみ）

VII

寄附

寄附の禁止

候補者等の寄附の禁止

ポイント

罰則▶P189

▶ 候補者等（P17「一定期間内の政治活動用ポスターの禁止」参照）は、選挙区内の者に対して、選挙期日の告示前・告示後にかかわらず、次の場合を除いて、すべての寄附が禁止されます。

①政党その他の政治団体、またはその支部に対する寄附

ただし、自分を支持・推薦する後援団体には、一定期間（P151参照）、寄附をすることが禁止されます。

②候補者等の親族（配偶者、6親等内の血族、3親等内の姻族）に対する寄附

③選挙区内で行う政治教育集会（政治上の主義や施策を普及するための講習会など）に関する必要最小限度の実費補償（食事についての実費補償を除く）

ただし、一定期間（P151参照）に行われる政治教育集会については、実費補償をすることができません。

また、供応接待（酒食などを振る舞ったり温泉に招待することなど）を伴う政治教育集会についても、実費補償をすることはできません。

〔公職選挙法199条の2関係〕

▶ 中元、歳暮、入学祝、出産祝、花輪、供花、香典、餞別などのほか、社会福祉施設に対する寄附なども、すべて禁止されます。ただし、候補者等本人が出席する結婚披露宴の祝儀や葬儀・通夜の香典（選挙に関するものや通常一般の社交の程度を超えるものを除く）については、その場で相手に渡す場合に限り、罰則の対象とはなりません。

〔公職選挙法179条・199条の2・249条の2関係〕

▶ 候補者等が、これらに違反して寄附をすると、刑罰が科されると同時に、原則として選挙権と被選挙権が一定期間停止されます（P194参照）。被選挙権を失うと、公職の候補者（地方公共団体の長や議会議員）は、その身分を失います。

〔公職選挙法11条、249条の2、252条、地方自治法127条、143条関係〕

ケース解説 ▶ **選挙区内の有権者の子供に寄附してもよいか**
選挙権の有無にかかわらず、選挙区内のすべての者への寄附が禁止されていますので、子供に対しても寄附をしてはいけません。また、選挙区内の法人や社団、選挙区内に住所をもたない一時的な滞在者に対する寄附も禁止されます。

▶ **「必要最小限度の実費補償」とは、例えばどのようなものか**
政治教育集会の参加者が出席するために最小限必要である交通費などです。

▶ **候補者が出席する葬儀で香典がわりに線香を持っていってもよいか**
葬儀や通夜に候補者等本人が出席した際に手渡す香典は罰則はありませんが、この場合の香典とは金銭に限られると解釈されています。したがって、香典がわりに線香を持っていったり、花輪や供花を出すことは罰則をもって禁止されます。

▶ **候補者の妻が葬儀に代理出席して候補者の香典を渡してもよいか**
候補者等本人が出席する場合に限って罰則を適用しないこととされているのであり、たとえ代理であっても、本人以外の者が香典を渡すことは罰則をもって禁止されています。

▶ **候補者が妻や後援会の名義で選挙区内の者に寄附してもよいか**
候補者等がする寄附は、名義に関係なく禁止されるため、妻や後援会などの他人名義であっても寄附できません。

▶ **候補者が自分の財産を国や地方公共団体に寄附してもよいか**
自分の選挙区となる市区町村、その市区町村を包括する都道府県、国に対して寄附をすることはできません。例えば、札幌市の市長選挙の候補者は、札幌市・北海道・国に対して自分の財産を寄附することはできません。

▶ **候補者が葬儀の際に僧侶にお布施を出すことは寄附になるか**
読経などの役務の提供に対する負担である限り、寄附には当たりません。

候補者等を名義人とする寄附の禁止

ポイント

罰則▶P189

▶ 候補者等以外の者が、選挙区内の者に対して、候補者等の名義で寄附をすることは、次の場合を除き、一切禁止されます。

①候補者等の親族（配偶者、6親等内の血族、3親等内の姻族）に対する寄附

②選挙区内で行う政治教育集会（政治上の主義や施策を普及するための講習会など）に関する必要最小限度の実費補償（食事についての実費補償を除く）

ただし、一定期間（P151参照）に行われる政治教育集会については、実費補償をすることができません。

また、供応接待（酒食などを振る舞ったり温泉に招待することなど）を伴う政治教育集会についても、実費補償をすることはできません。

〔公職選挙法199条の2関係〕

寄附の勧誘・要求の禁止

ポイント

罰則▶P191

▶ いかなる者も、候補者等に対して、選挙区内の者に対する寄附を勧誘したり、要求してはいけません。

候補者等の当選または被選挙権を失わせるために故意に勧誘したり要求すれば、罰則の対象となります。

また、候補者等を威迫して勧誘したり要求したりすれば、罰則の対象となります。

▶ いかなる者も、候補者等以外の者に対して、候補者等の名義で選挙区内の者に寄附するように勧誘したり、要求したりしてはいけません（候補者等の親族や政治教育集会に関する最小限の実費についての勧誘などを除く）。

候補者等以外の者を威迫して勧誘したり要求したりすれば、罰則の対象となります。

〔いずれも公職選挙法199条の2、249条の2関係〕

ケース解説

▶ **町内会の役員が候補者に祭りの寄附を勧誘してもよいか**

祭りの寄附が地域住民の慣行として行われている場合でも、候補者等に対して勧誘したり要求したりしてはいけません。

候補者等の関係会社等の寄附の禁止

ポイント

罰則▶P190

▶ 候補者等が役職員や構成員である会社・その他の法人・団体は、選挙区内の者に対し、候補者等の氏名を表示して寄附をしたり、候補者等の氏名が類推されるような方法で寄附をしたりしてはいけません。

ただし、政党その他の政治団体やその支部に対する寄附については、禁止されません（なお、政治資金規正法の制限を受けます（P154参照））。

〔公職選挙法199条の3関係〕

ケース解説

▶ 「氏名が類推されるような方法」とはどのような方法か

例えば、候補者「田中太郎」が「田中商事株式会社」の代表取締役である場合に、社名を表示して寄附をすることなどです。

▶ 候補者が会長である団体が、候補者の氏名を表示した表彰状を授与してもよいか

表彰状の授与は寄附ではないため、差し支えありません。ただし、候補者の氏名を表示した記念品などを贈ることはできません。また、候補者の氏名を表示した表彰状と一緒に渡す記念品は、氏名を表示していなくとも贈ることはできません。

▶ 選挙に関する寄附でなくても禁止されるか

選挙に関する寄附か否かにかかわらず、候補者等の氏名を表示した寄附は、一切禁止されます。

候補者等の氏名を冠した団体の寄附の禁止

ポイント

罰則▶P190

▶ 候補者等の氏名が表示されていたり、その氏名が類推されるような名称が表示されていたりする会社・その他の法人・団体は、次の場合を除き（なお、政治資金規正法の制限を受けます（P154参照））、選挙区内の者に対して、選挙に関する寄附をしてはいけません。
①当該候補者等に対する寄附
②政党その他の政治団体やその支部に対する寄附

〔公職選挙法199条の4関係〕

後援団体に関する寄附の禁止

ポイント

罰則▶P190

▶ 後援団体とは、特定の候補者等を推薦・支持することを主な目的としている政治団体をいいますが、慈善団体や文化団体などのように政治活動を主な目的としていない団体でも、その団体の行う政治活動のなかで特定の候補者や立候補予定者を推薦・支持することが主な活動となっている場合には、後援団体とみなされます。

▶ 後援団体は、選挙区内の者に対して、次の場合を除き、一切寄附をしてはいけません。
①当該候補者等に対する寄附
②政党その他の政治団体やその支部に対する寄附
③後援団体がその団体の設立目的により行う行事や事業に関する寄附（ただし、花輪・供花・香典・祝儀などの寄附や、一定期間内にされる寄附は禁止されています）

▶ いかなる者も、後援団体が開催する集会や後援団体が行う見学・旅行・その他の行事において、一定期間、選挙区内の者に対して、金銭や物品を供与したり、供応接待（酒食を振る舞ったり温泉に招待することなど）をしてはいけません。

▶ 候補者等は、一定期間、自分の後援団体（資金管理団体を除く）に対して寄附をしてはいけません。

▶ ここでいう「一定期間」とは任期満了日の90日前（任期満了による選挙の場合。ただし、統一地方選挙の場合は原則として選挙期日の90日前）または選挙を行うべき事由が生じた旨を選挙管理委員会が告示した日の翌日（任期満了によらない選挙の場合）から選挙期日までの間をいいます。

〔いずれも公職選挙法199条の5関係〕

ケース解説 ▶ 「設立目的により行う行事や事業」とはどのようなものか
その団体の設立目的の範囲内で行う団体の総会やその他の集会、見学・旅行・その他の行事、印刷や出版などの事業をいいます。

▶ **後援会の会員が集会の参加者に映画や演劇を鑑賞させてもよいか**
映画や演劇の鑑賞など、相手に慰労快楽を与える行為は供応接待に当てはまるため、禁止されます。

地方公共団体と特別の関係にある者の寄附の禁止

ポイント ▶ 都道府県や市区町村と請負契約を結んでいる当事者や、その他特別の利益を伴う契約を結んでいる当事者は、個人・法人を問わず、契約先の都道府県や市区町村の長および議会の議員選挙に関して、寄附をしてはいけません。

罰則▶P191

▶ 都道府県や市区町村から利子補給金の交付の決定を受けた者から利子補給金に係る融資を受けている会社・その他の法人は、交付を決定した都道府県や市区町村の長および議会の議員選挙に関して、交付の決定の通知を受けた日から1年間は寄附をしてはいけません。

〔いずれも公職選挙法199条関係〕

▶ いかなる者も、このような地方公共団体と特別の関係にある者に対して、寄附を勧誘したり、要求してはいけません。
また、これらの者から寄附を受けてもいけません。

〔公職選挙法200条関係〕

▶ 政党やその支部は後援団体に当たるのか

一般の政党やその支部は、選挙時においてはその所属候補者を支持することを主たる活動とすることもありますが、その他の政治活動も行っており、また常時、諸般の政治活動を行っていますので、継続的にみると特定の候補者の支持が主たる政治活動とはいい難く、後援団体には当たらないと解されています。ただし、政党やその支部の構成員に候補者等がいる場合は、候補者等の関係会社等としての寄附制限を受けます（P149参照）。

▶ 「請負契約」にはどのようなものがあるか

土木事業などの請負契約のほか、物品の払下契約、物品の納入契約、特定の運送契約、施設の特別使用契約などです。

▶ 「特別の利益を伴う契約」とはどのようなものか

利益率が通常の場合と比べて特に大きい契約や、利益率が通常と同じ程度でも契約そのものが大きいために利益の総額も大きい契約、一般業者が参加できない特恵的・独占的な利益を伴う契約などです。

▶ 利子補給金がまだ交付されていない会社は寄附してもよいか

利子補給金が交付される場合は、まず会社が金融機関に融資を申請し、金融機関は都道府県や市町村に対してその会社と利子補給金に係る契約を結ぶことの承諾を求め、承諾が得られた後に融資が行われます。実際に利子補給金が交付されていなくても、都道府県や市区町村が利子補給金の交付の決定の通知を受けた時点から、その会社は選挙に関する寄附をすることができないことになります。

政治資金規正法による寄附の制限

個人の寄附の制限

ポイント

罰則▶P192・
193

▶ 個人が、政党・政治資金団体（政党のための資金援助を目的とする団体）に対して寄附できる年間限度額（総枠制限）は2,000万円です。

　1つの政党・1つの政治資金団体に対する年間限度額（個別制限）は定められていません。したがって、総枠制限の範囲内であれば自由に寄附をすることができます（P158参照）。

▶ 個人が、資金管理団体（政治家の政治資金を取り扱う政治団体）・その他の政治団体・政治家に対して寄附できる年間限度額（総枠制限）は1,000万円で、1つの資金管理団体・1つのその他の政治団体・1人の政治家に対する年間限度額（個別制限）は150万円です（P158参照）。

　ただし、候補者等に対する現金など（小切手、手形、商品券、株券、公社債券、その他）による寄附は、選挙の陣中見舞など選挙運動に関する寄附を除き、禁止されています。

▶ 個人が政党その他の政治団体の構成員として負担する党費や会費は、寄附に当たらないため金額の制限はありません。また、遺贈による寄附についても金額の制限はありません。

〔政治資金規正法4条・21条の3・22条関係〕

▶ 何人も、本人以外の名義や匿名により政治活動に関する寄附をしてはいけません。

　ただし、政党や政治資金団体に対して、街頭や一般に公開される演説会などの会場でする1,000円以下の寄附（政党匿名寄附）については、匿名による寄附が認められます。

〔政治資金規正法22条の6関係〕

▶ いかなる者も、以上の制限に違反して寄附を受けてはいけません。違反すると公民権が停止されたり、政治団体の構成員などが違反すると政治団体に追徴金が科せられたりする場合があります。

〔政治資金規正法28条・28条の2関係〕

会社などの団体の寄附の制限

ポイント

罰則▶P192・
193

▶ 会社などの団体（会社、労働組合・職員団体、その他の団体）
が、政党・政治資金団体に対して寄附できる年間限度額（総枠
制限）は750万円～1億円です（団体の規模などに応じて異な
ります。P155～157参照）。
1つの政党・1つの政治資金団体に対する年間限度額（個別制
限）は定められていません（P158参照）。

〔政治資金規正法21条の3・22条関係〕

▶ 会社などの団体は、政党・政治資金団体以外の者に対して、一
切寄附をしてはいけません。　　　　〔政治資金規正法21条関係〕

▶ 会社などの団体が政治団体の構成員として負担する党費や会費
についても、寄附とみなされるため、注意が必要です。

〔政治資金規正法5条関係〕

▶ 次のような会社などは、一定期間寄附が禁止されたり、一切の
寄附が禁止されます。
①国や地方公共団体から一定の補助金などを受けている法人
　（一定期間の寄附の禁止）
②国や地方公共団体から資本金の出資などを受けている法人
　（寄附の禁止）
③赤字会社（寄附の禁止）
④外国人・外国法人など（寄附の禁止）
⑤匿名などによる寄附の禁止　　　　〔政治資金規正法22条の3～6関係〕

▶ いかなる者も、以上の制限に違反して寄附を受けてはいけませ
ん。違反すると公民権が停止されたり、政治団体に追徴金が科
せられることがあります（政治団体の構成員が違反した場合）。

〔政治資金規正法28条・28条の2関係〕

政治団体間の寄附の制限

ポイント

罰則▶P192

▶ 個々の政治団体（政党・政治資金団体を除く）間の寄附の年間
限度額は5,000万円です。

〔政治資金規正法22条関係〕

会社の寄附の年間限度額

資本又は出資の金額	政党・政治資金団体に対する寄附
10億円未満	750万円
10億円以上 ～ 50億円未満	1,500万円
50億円以上 ～ 100億円未満	3,000万円
100億円以上 ～ 150億円未満	3,500万円
150億円以上 ～ 200億円未満	4,000万円
200億円以上 ～ 250億円未満	4,500万円
250億円以上 ～ 300億円未満	5,000万円
300億円以上 ～ 350億円未満	5,500万円
350億円以上 ～ 400億円未満	6,000万円
400億円以上 ～ 450億円未満	6,300万円
450億円以上 ～ 500億円未満	6,600万円
500億円以上 ～ 550億円未満	6,900万円
550億円以上 ～ 600億円未満	7,200万円
600億円以上 ～ 650億円未満	7,500万円
650億円以上 ～ 700億円未満	7,800万円
700億円以上 ～ 750億円未満	8,100万円
750億円以上 ～ 800億円未満	8,400万円
800億円以上 ～ 850億円未満	8,700万円
850億円以上 ～ 900億円未満	9,000万円
900億円以上 ～ 950億円未満	9,300万円
950億円以上 ～ 1,000億円未満	9,600万円
1,000億円以上 ～ 1,050億円未満	9,900万円
1,050億円以上	1億円

労働組合・職員団体の寄附の年間限度額

組合員又は構成員の数	政党・政治資金団体に対する寄附
5万人未満	750万円
5万人以上 ～ 10万人未満	1,500万円
10万人以上 ～ 15万人未満	3,000万円
15万人以上 ～ 20万人未満	3,500万円
20万人以上 ～ 25万人未満	4,000万円
25万人以上 ～ 30万人未満	4,500万円
30万人以上 ～ 35万人未満	5,000万円
35万人以上 ～ 40万人未満	5,500万円
40万人以上 ～ 45万人未満	6,000万円
45万人以上 ～ 50万人未満	6,300万円
50万人以上 ～ 55万人未満	6,600万円
55万人以上 ～ 60万人未満	6,900万円
60万人以上 ～ 65万人未満	7,200万円
65万人以上 ～ 70万人未満	7,500万円
70万人以上 ～ 75万人未満	7,800万円
75万人以上 ～ 80万人未満	8,100万円
80万人以上 ～ 85万人未満	8,400万円
85万人以上 ～ 90万人未満	8,700万円
90万人以上 ～ 95万人未満	9,000万円
95万人以上 ～ 100万人未満	9,300万円
100万人以上 ～ 105万人未満	9,600万円
105万人以上 ～ 110万人未満	9,900万円
110万人以上	1億円

その他の団体の寄附の年間限度額

前年における年間の経費の額	政党・政治資金団体 に対する寄附
2千万円未満	750万円
2千万円以上 ～ 6千万円未満	1,500万円
6千万円以上 ～ 8千万円未満	3,000万円
8千万円以上 ～ 1億円未満	3,500万円
1億円以上 ～ 1億2千万円未満	4,000万円
1億2千万円以上 ～ 1億4千万円未満	4,500万円
1億4千万円以上 ～ 1億6千万円未満	5,000万円
1億6千万円以上 ～ 1億8千万円未満	5,500万円
1億8千万円以上 ～ 2億円未満	6,000万円
2億円以上 ～ 2億2千万円未満	6,300万円
2億2千万円以上 ～ 2億4千万円未満	6,600万円
2億4千万円以上 ～ 2億6千万円未満	6,900万円
2億6千万円以上 ～ 2億8千万円未満	7,200万円
2億8千万円以上 ～ 3億円未満	7,500万円
3億円以上 ～ 3億2千万円未満	7,800万円
3億2千万円以上 ～ 3億4千万円未満	8,100万円
3億4千万円以上 ～ 3億6千万円未満	8,400万円
3億6千万円以上 ～ 3億8千万円未満	8,700万円
3億8千万円以上 ～ 4億円未満	9,000万円
4億円以上 ～ 4億2千万円未満	9,300万円
4億2千万円以上 ～ 4億4千万円未満	9,600万円
4億4千万円以上 ～ 4億6千万円未満	9,900万円
4億6千万円以上	1億円

＊「その他の団体」とは、各種の業界団体、宗教団体、文化団体、労働者団体、親睦団体などです（政治団体を除く）。

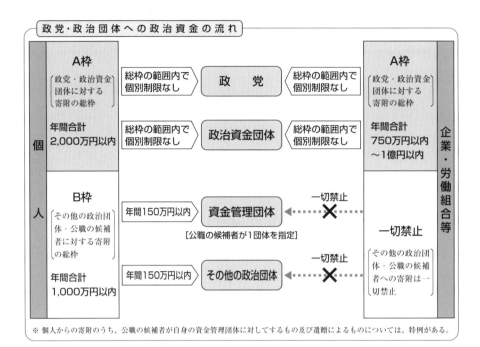

政党・政治団体への政治資金の流れ

A枠
〔政党・政治資金団体に対する寄附の総枠〕

個人
年間合計
2,000万円以内

B枠
〔その他の政治団体・公職の候補者に対する寄附の総枠〕

年間合計
1,000万円以内

総枠の範囲内で個別制限なし → **政 党** ← 総枠の範囲内で個別制限なし

総枠の範囲内で個別制限なし → **政治資金団体** ← 総枠の範囲内で個別制限なし

年間150万円以内 → **資金管理団体** ⤺ 一切禁止 ✕
[公職の候補者が1団体を指定]

年間150万円以内 → **その他の政治団体** ⤺ 一切禁止 ✕

A枠
〔政党・政治資金団体に対する寄附の総枠〕

年間合計
750万円以内
～1億円以内

一切禁止
〔その他の政治団体・公職の候補者への寄附は一切禁止〕

企業・労働組合等

※ 個人からの寄附のうち、公職の候補者が自身の資金管理団体に対してするもの及び遺贈によるものについては、特例がある。

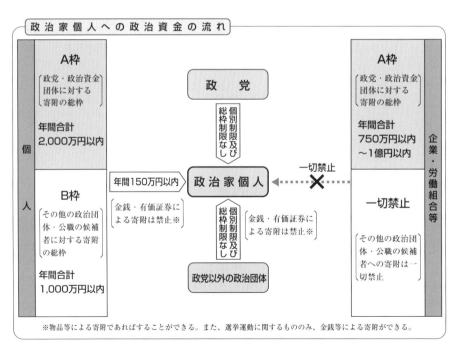

政治家個人への政治資金の流れ

A枠
〔政党・政治資金団体に対する寄附の総枠〕

個人
年間合計
2,000万円以内

B枠
〔その他の政治団体・公職の候補者に対する寄附の総枠〕

年間合計
1,000万円以内

政 党

総枠制限なし／個別制限なし

年間150万円以内 → **政治家個人** ⤺ 一切禁止 ✕
金銭・有価証券による寄附は禁止※

総枠制限なし／個別制限なし

金銭・有価証券による寄附は禁止※

政党以外の政治団体

A枠
〔政党・政治資金団体に対する寄附の総枠〕

年間合計
750万円以内
～1億円以内

一切禁止
〔その他の政治団体・公職の候補者への寄附は一切禁止〕

企業・労働組合等

※物品等による寄附であればすることができる。また、選挙運動に関するもののみ、金銭等による寄附ができる。

VIII

主な罰則一覧

買収罪

普通買収罪（事前買収）

 要件 ▶ 特定の候補者を当選させること、または当選させないことを目的に、選挙人や選挙運動者に対して、金銭・物品・その他の財産上の利益や公私の職務などを供与したり、その申込みや約束をしたり、または供応接待をしたり、その申込みや約束をすること。

解説 ■ 「選挙運動者」とは、投票の勧誘・斡旋・誘導などを行う者のことで、単に選挙運動を依頼された者も含まれます。「財産上の利益」とは、債務（借金）の免除、支払いの猶予、保証人になること、得意先を与えることなど、財産的な価値のあるいっさいのものを含みます。「供応接待」とは、酒食などを与えたり、演劇や旅行に招待するなど、相手に慰安や快楽を与えて歓待することをいいます。

罰則 ▶
> **3年以下の懲役・禁錮、または50万円以下の罰金**
> 〔公職選挙法221条①Ⅰ関係〕

利害誘導罪

 要件 ▶ 特定の候補者を当選させること、または当選させないことを目的に、選挙人や選挙運動者に対して、その者自身や、その者と関係のある社寺・学校・会社・組合・市町村などに対する用水・小作・債権・寄附・その他特殊の直接利害関係を利用して、誘導すること。

解説 ■ 「特殊の直接利害関係」とは、ある限られた範囲の選挙人や選挙運動者、またはその者が関係する団体にとってのみ特別かつ直接に利害関係があることをいいます。例えば、学校の設置に力を尽くすことを強調して、特定の建設業者の欲望を満足させて関心をひきつけ、自分の選挙を有利に導く場合などがこれに該当します。

罰則 ▶
> **3年以下の懲役・禁錮、または50万円以下の罰金**
> 〔公職選挙法221条①Ⅱ関係〕

事後報酬供与罪（事後買収）

 ▶ 投票や選挙運動をしたこと、またはしなかったこと、あるいは
その周旋勧誘をしたことなどの報酬として、選挙人や選挙運動
者に対して、金銭・物品・その他の財産上の利益や公私の職務
などを供与したり、その申込みや約束をしたり、または供応接
待をしたり、その申込みや約束をすること。

解説 ■■ 「周旋勧誘」とは、特定の選挙に際し、候補者その他その選挙運動者等
の依頼を受けまたは自発的に、選挙人あるいは選挙運動者に対して、特
定の候補者に投票をし若しくは投票をしないことまたは選挙運動をし
若しくは選挙運動をしないように周旋または勧誘することをいいま
す。選挙運動員に対して、法定額の範囲内で宿泊費などの実費を弁償
することはできますが、報酬を与えると、本罪に該当します（選挙運動
用事務員、車上運動員、手話通訳者および要約筆記者への報酬を除く）。

罰則 ▶
> **3 年以下の懲役・禁錮、または50万円以下の罰金**
> （公職選挙法221条①Ⅲ関係）

利益収受および要求罪

 ▶ 金銭・物品・その他の財産上の利益、公私の職務などの供与や
供応接待を受けたり、その申込みに承諾したり、またはそれら
を要求すること。あるいは、利益誘導に応じたり、自ら利益誘
導を促すこと。

解説 ■■ 普通買収、利害誘導、事後報酬供与は、選挙人や選挙運動者などの受
け手側の罰則です。すなわち、供応接待した側や利害誘導した側だけ
でなく、本罪によって「された側」も罰せられます。もちろん、供応
接待や利害誘導を申し込んだり、要求してもいけません。

罰則 ▶
> **3 年以下の懲役・禁錮、または50万円以下の罰金**
> （公職選挙法221条①Ⅳ関係）

買収目的交付罪

 ▶ 普通買収罪、利害誘導罪、事後買収罪を犯させることを目的に、選挙運動者に対して、金銭や物品を交付したり、その申込みや約束をしたりすること。または選挙運動者がその交付を受けたり、その申込みを要求したり、承諾したりすること。

解説 ■ 「交付」とは、選挙人または選挙運動者に供与させるために、仲介人に金銭や物品などを寄託する行為をいいます。

普通買収罪や事後報酬供与罪との違いは、選挙人を買収するために、選挙運動員を仲介人として、その選挙運動員に金銭や物品を交付すれば罰せられる点です。仲介人に交付すること自体は実質的には買収の予備にすぎませんが、他の買収行為と同じように処罰されます。

罰則 ▶
> **3年以下の懲役・禁錮、または50万円以下の罰金**
> 〔公職選挙法221条①Ⅴ関係〕

買収周旋勧誘罪

 ▶ これまで述べた5つの買収罪に該当する行為に関して、周旋または勧誘をすること。

解説 ■ 実質的には前述した5つの買収罪の教唆や幇助ですが、独立した罪として処罰されます。

罰則 ▶
> **3年以下の懲役・禁錮、または50万円以下の罰金**
> 〔公職選挙法221条①Ⅵ関係〕

選挙事務関係者等の買収罪

 ▶ 中央選挙管理会の委員やその庶務に従事する総務省の職員、参議院合同選挙区選挙管理委員会の委員やその職員、選挙管理委員会の委員やその職員、投票管理者、開票管理者、選挙長や選挙分会長、選挙事務に関係する国や地方公共団体の職員などの選挙事務関係者が、これまで述べた買収罪のいずれかを犯すこと。または、公安委員会の委員や警察官がその関係区域内の選挙に関して、同様の罪を犯すこと。

解説 ■■ これまで述べたすべての買収罪に関して、犯罪の主体が選挙事務関係者などの場合には、刑が加重されています。

罰則 ▶ 4年以下の懲役・禁錮、または100万円以下の罰金
〔公職選挙法221条②関係〕

候補者等の買収罪

 ▶ 候補者、選挙運動総括主宰者、出納責任者、地域主宰者が、これまで述べた買収罪のいずれかを犯すこと。

解説 ■■ 選挙事務関係者等の買収罪と同じように、犯罪の主体が候補者などの場合にも刑が加重されています。さらに、候補者等が有罪となった場合は、当選は無効となります。

罰則 ▶ 4年以下の懲役・禁錮、または100万円以下の罰金
〔公職選挙法221条③関係〕

多数人買収罪・多数人利害誘導罪

要件 ▶ 財産上の利益を図ることを目的に、候補者や候補者になろうと する者のために、多数の選挙人や選挙運動者に対して、買収行 為をしたり、またはさせたりすること。あるいは、買収行為を 請け負ったり、または請け負わせたり、その申込みをすること。

解説 ■ 多数の人々に買収を行う "選挙ブローカー" と呼ばれる者を対象と する刑罰で、一般の買収罪に比べて刑が加重されています。 候補者、選挙運動総括主宰者、出納責任者、地域主宰者が同様の罪 を犯した場合には、さらに刑が加重されます。

罰則 ▶

> 5年以下の懲役・禁錮（選挙ブローカーなど）
> 6年以下の懲役・禁錮（候補者などの場合）
>
> 〔公職選挙法222条関係〕

常習的買収罪

要件 ▶ 普通買収罪、利害誘導罪、事後報酬供与罪、買収目的交付罪、 買収周旋勧誘罪を犯した者が常習者であるとき。

解説 ■ 買収罪を犯した者が常習者である場合には、一般の買収罪に比べて 刑が加重されれます。

罰則 ▶

> 5年以下の懲役・禁錮
>
> 〔公職選挙法222条の②関係〕

新聞紙・雑誌の不法利用罪

 ▶ 特定の候補者を当選させること、または当選させないことを目的に、新聞紙や雑誌の編集・経営を担当する者に対して、金銭や物品などの利益を供与したり、その申込みや約束をしたりして、選挙に関する報道や評論の掲載を図ること。あるいは、これらの担当者が利益を収受したり要求したり、その申込みを承諾すること。

解説 ▶ 新聞紙や雑誌のもつ影響力を不法に利用しようとする者についての刑罰で、一般の買収罪に比べて刑が加重されています。
候補者、選挙運動総括主宰者、出納責任者、地域主宰者が同様の罪を犯した場合には、さらに刑が加重されます。

罰則 ▶
> 5年以下の懲役・禁錮
> 6年以下の懲役・禁錮（候補者などの場合）
>
> 〔公職選挙法223条の2関係〕

候補者や当選人に対する買収罪

 要件 ▶ 候補者であることや候補者になろうとすることをやめさせ、あるいは当選人であることを辞めさせることを目的に、買収や、利害誘導を行うこと。また、立候補をとり下げたことや当選人を辞したこと、またはその周旋勧誘をしたことの報酬として、金銭など財産上の利益を供与すること。あるいは、これらの供与を受けたり、その申込みを承諾したり、これらの買収行為を周旋勧誘すること。

解説 ■■ 本罪は、候補者や当選人という選出される立場にある者に不正な利益をもたらす場合を規定したものであり、一般の買収罪に比べて刑が加重されています。

一般的には、立候補を断念させたり当選を辞退させる行為は、必ずしも犯罪とはならないと考えられていますが、それらの行為が買収や特別な利害関係を利用することによって行われた場合には、選挙の公正を著しく損なうことになるために犯罪とみなされます。

また、候補者、選挙運動総括主宰者、出納責任者、地域主宰者、選挙事務関係者等、公安委員会の委員や警察官などが同様の罪を犯した場合には、さらに刑が加重されます。

罰則 ▶
> 4年以下の懲役・禁錮、または100万円以下の罰金
> 5年以下の懲役・禁錮、または100万円以下の罰金
> **(候補者などや選挙事務関係者などの場合)**

〔公職選挙法223条関係〕

買収等によって得た利益の没収

 要件 ▶ これまで述べたすべての罪に関して、金銭・物品・その他財産上の利益を収受したり、交付を受けたりすること。

解説 ■■ 買収等によって受けた利益はすべて没収されますが、没収できない場合には、相当価額が追徴されます。

罰則 ▶
> 違反行為により受領した利益の没収、または追徴

〔公職選挙法224条関係〕

おとり罪・寝返り罪

おとり罪

 要件 ▶ 連座制を利用して、候補者Ａの当選を無効にしたり立候補の資格を失わせたりするために、候補者Ｂやその選挙運動者などと意思を通じて、候補者Ａの選挙運動総括主宰者、出納責任者、地域主宰者、一定の親族、秘書、組織的選挙運動管理者等を誘導したり挑発したりして、買収罪、利益誘導罪、新聞紙や雑誌の不法利用罪、選挙費用の法定額違反などの罪を犯させること。

解説 ■ 「おとり」とは、候補者Ａの当選無効などを目的に、候補者Ｂ陣営の選挙運動者などと意思を通じて、候補者Ａ陣営の連座対象者を誘導したり挑発したりして、買収罪などを犯させることをいいます。

罰則 ▶
> ### 1年以上5年以下の懲役・禁錮
> 〔公職選挙法224条の2①関係〕

寝返り罪

 要件 ▶ 連座制を利用して、候補者Ａの当選を無効にしたり立候補の資格を失わせるために、候補者Ａの連座対象者である選挙運動総括主宰者、出納責任者、地域主宰者、一定の親族、秘書、組織的選挙運動管理者等が、候補者Ｂやその選挙運動者などと意思を通じて、買収罪、利益誘導罪、新聞紙や雑誌の不法利用罪、選挙費用の法定額違反などの連座対象の罪を犯すこと。

解説 ■ 「寝返り」とは、候補者Ａ陣営の連座制対象者が、自らの陣営の候補者Ａの当選を無効にするために、候補者Ｂ陣営の選挙運動者などと意思を通じて、買収罪などを犯すことをいいます。

罰則 ▶
> ### 1年以上6年以下の懲役・禁錮
> 〔公職選挙法224条の2②関係〕

選挙妨害罪

選挙の自由妨害罪

 ▶ 選挙に関して、次の行為をすること。

①選挙人、候補者、立候補予定者、選挙運動者、当選人に対して、暴力を加えたり、威迫したり、かどわかしたりすること。

②交通・集会・演説を妨害したり、文書図画を毀棄したりするなど、不正の方法で選挙の自由を妨害すること。

③利害誘導による買収罪とは反対に、特殊な利害関係を利用して不利益を加えることを予告することによって、選挙人、候補者、立候補予定者、選挙運動者、当選人に対して、威迫すること。

解説 ■ 特定の候補者を当選させることや当選を妨げることを目的としない場合でも、その行為の動機が広く選挙に関わるものであれば、本罪によって罰せられます。

また、選挙期日の告示前の行為も対象となります。

罰則 ▶
> **4年以下の懲役・禁錮、または100万円以下の罰金**
>
> 〔公職選挙法225条関係〕

職権濫用による選挙の自由妨害罪

 ▶ 公務員や行政執行法人または特定地方独立行政法人の役職員、選挙事務関係者が、故意にその職務の執行を怠り、または正当な理由がなく候補者や選挙運動者につきまとい、その住居や選挙事務所に立ち入るなど、その職権を濫用して選挙の自由を妨害すること。また、選挙人に対して、投票をしようとする候補者や投票をした候補者の氏名の表示を求めること。

解説 ■ 「選挙事務関係者」とは、選挙管理委員会の委員や職員、投票管理者、開票管理者、選挙長、選挙分会長などをいい、故意に職務の執行を怠った場合にも本罪が適用されます。

罰則 ▶
> **4年以下の禁錮（自由妨害）**
> **6ヵ月以下の禁錮、または30万円以下の罰金（氏名表示要求）**
>
> 〔公職選挙法226条関係〕

多衆の選挙妨害罪

 要件 ▶ 多くの者が集まって、暴力を加えるなど選挙の自由を妨害し、交通・集会・演説を妨げたり、投票所や開票所などの選挙施設で騒ぎ立てたりすること。

解説 ━━ 首謀者、指揮者、付和随行者（単に多数人として参加したにすぎない者）の別に応じて、処罰されます。

罰則 ▶
> 1年以上7年以下の懲役・禁錮（首謀者の場合）
> 6ヵ月以上5年以下の懲役・禁錮（指揮者などの場合）
> 20万円以下の罰金または科料（付和随行者の場合）
>
> 〔公職選挙法230条①関係〕

虚偽事項公表罪

 要件 ▶ 特定の候補者を当選させることを目的に、候補者や立候補予定者の身分、職業、経歴、政党その他の政治団体との関係（所属・推薦・支持）などについて、虚偽の事項を公表すること。あるいは、特定の候補者を当選させないことを目的に、虚偽の事項を公表したり、事実を歪めて公表したりすること。

解説 ━━ 特定の候補者の落選を目的に虚偽事項を公表する場合は、候補者本人に直接関係のある事項に限らず、例えば、「候補者の妻に贈賄の疑いがある」とか、「候補者の親族が傷害罪で起訴された」などと、候補者や立候補予定者に打撃を与えるような虚偽の事項を公表する場合も、本罪に該当します。
当選させる目的で本罪を犯した場合よりも、落選させる目的で本罪を犯した場合のほうが刑が重くなっています。

罰則 ▶
> 2年以下の禁錮、または30万円以下の罰金（当選目的）
> 4年以下の懲役・禁錮、または100万円以下の罰金（落選目的）
>
> 〔公職選挙法235条関係〕

政見放送・選挙公報の不法利用罪

 要件 ▶ 政見放送や選挙公報において、特定の候補者を当選させないことを目的に、虚偽の事項を公表したり、事実を歪めて公表したりすること。
あるいは、政見放送や選挙公報において、特定の商品を広告したり、その他営業に関する宣伝をしたりすること。

解説 ■ 本罪は、本来公正であるべき政見放送や選挙公報において、当選させない目的をもって虚偽の事項を公表したり、選挙とは直接関係のない商品の宣伝をしたりすることなどを罰するためのものです。
虚偽事項を公表した場合と、特定の商品を宣伝した場合とでは、量刑が異なります。

罰則 ▶
> **5年以下の懲役・禁錮、または100万円以下の罰金**
> **（虚偽事項公表）**
> **100万円以下の罰金（特定商品の広告、営業の宣伝など）**
> 〔公職選挙法235条の3関係〕

氏名等の虚偽表示罪

 要件 ▶ 特定の候補者を当選させること、または当選させないことを目的に、真実に反する氏名・名称・身分の表示をして、郵便・電報・電話またはインターネット等を利用する方法などで通信をすること。

罰則 ▶
> **2年以下の禁錮、または30万円以下の罰金**
> 〔公職選挙法235条の5関係〕

投票に関する罪

投票の秘密侵害罪

 要件 ▶ 選挙事務関係者や立会人、代理投票の補助者や監視者などが、選挙人が投票した候補者の氏名を表示すること(その表示した氏名が虚偽である場合も含む)。

罰則 ▶
> 2年以下の禁錮、または30万円以下の罰金
> 〔公職選挙法227条関係〕

投票干渉罪・氏名等認知罪

 要件 ▶ 投票所や開票所において、正当な理由がなく選挙人の投票を指示したり、勧誘するなど、投票に干渉すること。あるいは、候補者の氏名を認知する方法を行うこと。

罰則 ▶
> 1年以下の禁錮、または30万円以下の罰金
> 〔公職選挙法228条①関係〕

投票箱開披・投票取出罪

 要件 ▶ 投票箱閉鎖後は、開票管理者が所定の手続きによってこれを開く以外には、いかなる者も開くことができないという規定を無視して、投票箱を開いたり、投票箱から投票を取り出したりすること。

罰則 ▶
> 3年以下の懲役・禁錮、または50万円以下の罰金
> 〔公職選挙法228条②関係〕

選挙人の虚偽宣言罪

 要件 ▶ 投票管理者は、投票しようとする選挙人が本人であるかどうかを確認することができないときは、本人である旨を宣言させなければならないが、この場合に虚偽の宣言をすること。

罰則 ▶
> **20万円以下の罰金**
>
> 〔公職選挙法236条③関係〕

詐偽投票罪

 要件 ▶ 選挙人でない者が投票をすること。あるいは、氏名を偽ったり、その他詐偽の方法で投票したり、投票しようとすること。

解説 ■ 選挙人でない者が投票する場合と、詐偽の方法で投票する場合とでは、量刑が異なります。

罰則 ▶
> **1年以下の禁錮、または30万円以下の罰金（非選挙人）**
> **2年以下の禁錮、または30万円以下の罰金（詐偽投票）**
>
> 〔公職選挙法237条①②関係〕

投票偽造・増減罪

 要件 ▶ 投票用紙を偽造したり、投票数を増減したりすること。

解説 ■ 選挙事務関係者、立会人、代理投票の補助者や監視者などが本罪を犯した場合には、刑が加重されます。

罰則 ▶
> **3年以下の懲役・禁錮、または50万円以下の罰金**
> **5年以下の懲役・禁錮、または50万円以下の罰金**
> **（選挙事務関係者などの場合）** 〔公職選挙法237条③④関係〕

詐偽登録罪

 ▶ 詐偽の方法で選挙人名簿に登録させること。あるいは、選挙人名簿に登録させる目的で、転入届について虚偽の届出をさせ、それを登録させること。

 6ヵ月以下の禁錮、または30万円以下の罰金

〔公職選挙法236条①②関係〕

代理投票における記載義務違反

 ▶ 代理投票の補助者が、選挙人の指示する候補者の氏名などを記載しないこと。

 2年以下の禁錮、または30万円以下の罰金

〔公職選挙法237条の2関係〕

選挙の平穏を害する罪

選挙事務関係者・施設等に対する暴力罪

 要件 ▶ 投票管理者や開票管理者、選挙長や選挙分会長、立会人や選挙監視者に暴力を加えたり脅迫すること。または投票所や開票所、選挙会場や選挙分会場を混乱させたり、投票や投票箱、その他の関係書類などを破壊したり奪い取ったりすること。

罰則 ▶

> 4年以下の懲役・禁錮
>
> 〔公職選挙法229条関係〕

凶器携帯罪

 要件 ▶ 選挙に関して、銃砲、刀剣、こん棒など、人を殺傷することのできるものを携帯すること。あるいは、このような凶器を携帯して、投票所や開票所、選挙会場や選挙分会場に入ること。

解説 ■ 本罪を犯した場合には、携帯している凶器は没収されます。また、投票所などの施設に凶器を持ち込んだ場合には、刑が加重されます。

罰則 ▶

> 2年以下の禁錮、または30万円以下の罰金（凶器携帯）
> 3年以下の禁錮、または50万円以下の罰金
> （投票所などでの凶器携帯）
>
> 〔公職選挙法231条①・232条・233条関係〕

選挙犯罪のせん動罪

 要件 ▶ 買収罪、選挙の自由妨害罪、投票干渉罪などの選挙犯罪を犯させる目的をもって人をせん動すること。

罰則 ▶

> 1年以下の禁錮、または30万円以下の罰金
>
> 〔公職選挙法234条関係〕

選挙報道・評論に関する罪

新聞紙・雑誌が選挙の公正を害する罪

 ▶ ①選挙に関して、新聞紙・雑誌が報道や評論を掲載する場合に、虚偽の事項を記載したり、事実を歪めて記載したりするなど、表現の自由を濫用して選挙の公正を害すること。

②選挙期間中に選挙に関する報道や評論を掲載することができる新聞紙・雑誌（P 97参照）や機関新聞紙・機関雑誌（P 131参照）以外の新聞紙・雑誌が、選挙期間中及び選挙の当日に、当該選挙に関して報道したり、評論を掲載したりすること。

③特定の候補者を当選させること、または当選させないことを目的に、新聞紙・雑誌に対する編集及びその他経営上の特殊な地位を利用して、選挙に関する報道や評論を掲載したり、または掲載させたりすること。

解説 ①②の場合は、編集を実際に担当した人や経営者が罰則の対象となります。③の場合は、編集や経営上の地位を利用して報道・評論を掲載した人、及び掲載させた人が罰則の対象となります。

罰則

> **2 年以下の禁錮、または30万円以下の罰金**
> （公職選挙法235条の2関係）

選挙放送などの制限違反

 ▶ ①選挙に関して、虚偽の事項を放送したり、事実を歪めて放送したりするなど、表現の自由を濫用して選挙の公正を害すること。

②政見放送・経歴放送以外に選挙運動のための放送をしたり、または放送させたりすること。

解説 ①の場合は、放送をした人や編集をした人が、②の場合は、放送をした人、および放送をさせた人が罰則の対象となります。

罰則

> **2 年以下の禁錮、または30万円以下の罰金**
> （公職選挙法235条の4関係）

その他の選挙犯罪

選挙運動の期間制限違反

 要件 ▶ 選挙運動が認められるのは、立候補の届出が受理されたときから投票日の前日の午後12時まで（街頭演説や連呼行為は午後8時まで）であるにもかかわらず、それに違反すること。

解説 ■ 事前運動を行った場合には、本罪が適用されます。

罰則 ▶
> **1年以下の禁錮、または30万円以下の罰金**
> 〔公職選挙法239条①関係〕

挨拶を目的とする有料広告の禁止違反

 要件 ▶ 候補者等及びその後援団体が、選挙区内にある者に対して、年賀、暑中見舞、慶弔、激励などの挨拶を目的とする広告を有料で新聞、ビラ、パンフレット、インターネット等で頒布したり、テレビやラジオを通じて放送させたりすること。または、候補者等または後援団体の役職員・構成員などを威迫して、広告の掲載や放送を要求すること。

解説 ■ 広告を掲載・放送させた人と、それらの人を威迫して広告の掲載や放送を要求した人とでは、量刑が異なります。

罰則 ▶
> **50万円以下の罰金（候補者など）**
> **1年以下の懲役・禁錮、または30万円以下の罰金（要求者）**
> 〔公職選挙法235条の6関係〕

立候補に関する虚偽宣誓罪

 要件 ▶ 立候補しようとする人が、立候補届出の際に添付する宣誓書について、虚偽の宣誓をすること。

罰則 ▶
> **30万円以下の罰金**
> 〔公職選挙法238条の2関係〕

選挙事務関係者の選挙運動の禁止違反

 ▶ 投票管理者や開票管理者、選挙長や選挙分会長が、在職中に当該関係区域（選挙区など）内で選挙運動をすること。または、不在者投票管理者が、不在者投票に関して業務上の地位を利用して選挙運動をすること。

罰則 ▶

> **6ヵ月以下の禁錮、または30万円以下の罰金**
> 〔公職選挙法241条関係〕

特定公務員の選挙運動の禁止違反

 ▶ 中央選挙管理会の委員や庶務に従事する総務省の職員、参議院合同選挙区選挙管理委員会の職員、選挙管理委員会の委員や職員、裁判官、検察官、会計検査官、公安委員会の委員、警察官、収税官吏・徴税吏員が、在職中に選挙運動をすること。

罰則 ▶

> **6ヵ月以下の禁錮、または30万円以下の罰金**
> 〔公職選挙法241条関係〕

教育者の地位利用による選挙運動の禁止違反

 ▶ 学校教育法に規定する学校（幼稚園、小学校、中学校、義務教育学校、高等学校、中等教育学校、特別支援学校、大学、高等専門学校）や幼保連携型認定こども園の長や教員が、学校の児童、生徒、学生に対して教育上の地位を利用して選挙運動をすること。

罰則 ▶

> **1年以下の禁錮、または30万円以下の罰金**
> 〔公職選挙法239条①関係〕

年齢満18歳未満の者の選挙運動の禁止違反

 要件 ▶ 年齢満18歳未満の者が、選挙運動をすること。または、年齢満18歳未満の者を使用して選挙運動をすること。

罰則 ▶
> 1年以下の禁錮、または30万円以下の罰金
> （公職選挙法239条①関係）

選挙犯罪者等の選挙運動の禁止違反

 要件 ▶ 公職選挙法または政治資金規正法に違反して選挙権・被選挙権を失った者が、選挙運動をすること。

罰則 ▶
> 1年以下の禁錮、または30万円以下の罰金
> （公職選挙法239条①関係）

公務員等の地位利用による選挙運動の禁止違反

 要件 ▶ 次の者が、その地位を利用して選挙運動をしたり、選挙運動の類似行為をすること。
①国や地方公共団体の公務員
②行政執行法人または特定地方独立行政法人の役員・職員
③沖縄振興開発金融公庫の役員・職員

罰則 ▶
> 2年以下の禁錮、または30万円以下の罰金
> （公職選挙法239条2の②関係）

戸別訪問の禁止違反

 要件 ▶ 特定の候補者や立候補予定者を当選することを依頼したり、または当選しないよう依頼することを目的に、戸別訪問をしたり、戸別に演説会の開催などの告知をしたり、特定の候補者などの氏名を言い歩いたりすること。

罰則 ▶

> **1年以下の禁錮、または30万円以下の罰金**
>
> 〔公職選挙法239条①関係〕

署名運動の禁止違反

 要件 ▶ 特定の候補者の投票を得ること、または投票を得させないことを目的に、投票を依頼する趣旨の署名を集めたり、投票を依頼するために後援会加入などの名目で署名を集めたりすること。

罰則 ▶

> **1年以下の禁錮、または30万円以下の罰金**
>
> 〔公職選挙法239条①関係〕

人気投票の公表の禁止違反

 要件 ▶ どの候補者が選挙で当選するかなどを予想する人気投票を行い、その経過や結果を公表すること。

解説 ■ 公表媒体が新聞・雑誌の場合は、実際に編集を担当した者や新聞・雑誌の経営者が罰則の対象となります。放送による場合には、編集を担当した者またはその放送をさせた者が罰則の対象となります。

罰則 ▶

> **2年以下の禁錮、または30万円以下の罰金**
>
> 〔公職選挙法242条の2関係〕

飲食物の提供の禁止違反

 要件 ▶ 選挙運動に関して、飲食物を提供すること（湯茶やこれに伴い通常用いられる程度の菓子を除く）。

解説 ■ ただし、選挙運動員に選挙事務所内で支給する弁当は、法定個数の範囲内（1日15人分・45食に選挙運動期間の日数をかけた量まで）であり、かつ選挙管理委員会が告示する弁当料の範囲内（基準額は、1食当たり1,000円以内・1日当たり3,000円以内）である限り、認められます。

罰則 ▶
> 2年以下の禁錮、または50万円以下の罰金
>
> （公職選挙法243条①関係）

気勢を張る行為の禁止違反

 要件 ▶ 選挙運動のために、選挙人の注目を集めようと自動車を連ねたり、行列を組んで往来したり、サイレンを鳴らして騒ぎ立てるなど、気勢を張る行為をすること。

罰則 ▶
> 1年以下の禁錮、または30万円以下の罰金
>
> （公職選挙法244条①関係）

連呼行為の禁止違反

 要件 ▶ 演説会場・街頭演説の場所・選挙運動用の自動車や船舶の上以外の場所で、選挙運動のために連呼行為（候補者の氏名や政党名などをくり返し言うこと）をすること。

解説 ■ 演説会場における連呼行為については時間の制限はありませんが、自動車・船舶の上で行う連呼行為については午前8時から午後8時までに限られており、また、街頭演説の場合は街頭演説自体が午前8時から午後8時までに限られています。

罰則 ▶
> 2年以下の禁錮、または50万円以下の罰金
>
> （公職選挙法243条①関係）

休憩所等の設置の禁止違反

 ▶ 選挙運動のために、休憩所やこれに類似する設備を設置すること。

罰則 ▶

> **30万円以下の罰金**
>
> 〈公職選挙法240条①関係〉

選挙事務所の制限違反

 ▶ ①立候補者や推薦届出者（推薦届出者が数人いる場合はその代表者）以外の者が、選挙事務所を設置すること。
②選挙事務所を設置や異動があった際に、選挙管理委員会に選挙事務所設置（異動）届を届け出ないこと。また、推薦届出の場合には選挙事務所設置（異動）承諾書を、推薦届出者が数人いる場合には推薦届出者代表者証明書を届け出ないこと。
③選挙事務所の制限数に違反して選挙事務所を設置すること。
④1つの選挙事務所につき、1日2回以上移動すること。
⑤選挙事務所を表示するために選挙管理委員会が交付する標札を、選挙事務所の入口に掲示しないこと。
⑥選挙の当日に、投票所、共通投票所の入口から半径300m以内の区域に選挙事務所を設置していること。
⑦選挙管理委員会から選挙事務所の閉鎖を命じられたにもかかわらず、閉鎖命令に従わないこと。

解説 ■ それぞれの場合に応じて、量刑が異なります。

罰則 ▶

> **20万円以下の罰金（②・⑤）**
> **30万円以下の罰金（③・④・⑥）**
> **6ヵ月以下の禁錮、または30万円以下の罰金（①）**
> **1年以下の禁錮、または30万円以下の罰金（⑦）**
>
> 〈公職選挙法239条①・240条①・241条・242条①関係〉

自動車・船舶・拡声機の制限違反

 要件 ▶ ①使用制限数を超えて使用すること。

②選挙運動用自動車・船舶に乗車・乗船する人（候補者や運転手・船員を除く）が、選挙管理委員会が交付する腕章を着けていないこと。

③走行中の選挙運動用自動車からの連呼行為以外の選挙運動等をすること。

④選挙運動用として自動車・船舶・拡声機を使用する際に、選挙管理委員会が交付する表示板を取り付けていないこと。

解説 ━━ 表示違反（④）の場合は、量刑が異なります。

罰則 ▶

> **2年以下の禁錮、または50万円以下の罰金（①・②・③）**
> **1年以下の禁錮、または30万円以下の罰金（表示違反）**
> **（④）**
>
> 〔公職選挙法243条①・244条①関係〕

選挙運動用葉書の制限違反

 要件 ▶ ①使用制限枚数よりも多くの葉書を使用すること。

②郵便局などで「選挙用」の表示を受けないで使用すること。

③路上で通行人に直接手渡したり、掲示するなど、郵送によらない方法で使用したりすること。

④無料葉書の交付を受けた候補者が、立候補届出が却下されたり、立候補を辞退したりした際に、未使用の葉書を返還しないこと。または、これを他人に譲渡すること。

解説 ━━ 返還・譲渡禁止違反（④）の場合は、量刑が異なります。

罰則 ▶

> **2年以下の禁錮、または50万円以下の罰金（①・②・③）**
> **1年以下の禁錮、または30万円以下の罰金（返還・譲渡禁止違反）**
> **（④）**
>
> 〔公職選挙法243条①・244条①関係〕

選挙運動用ビラの制限違反

 ▶ ①制限種類・制限枚数・制限規格を超えてビラを頒布すること。
②郵送で頒布したり、各家庭に戸別に頒布したりするなど、決められた方法以外の方法でビラを頒布すること。
③選挙管理委員会が交付する証紙をビラに貼っていないこと。
④ビラの表面に、頒布責任者と印刷者の氏名・住所などを記載していないこと。
⑤回覧板その他の文書図画、看板の類を多数の者に回覧させること。

罰則 ▶
> 2年以下の禁錮、または50万円以下の罰金
> 〔公職選挙法243条①関係〕

選挙運動用電子メール等の制限違反

 ▶ ①電子メールを送信することができない者が、送信を行うこと（送信主体制限違反）。
②電子メールを送信することができない者に対して、送信を行うこと（送信先制限違反）。
③電子メールの送信を拒否した者に対して、送信を行うこと。
④電子メールに、選挙運動用電子メールである旨、送信者の氏名・名称、送信拒否通知を行うことができる旨、送信拒否通知を行う際の通知先を表示しないこと。
⑤当選を得させないために送付する電子メールに氏名・名称と電子メールアドレスを表示しないこと。

解説 ━ 表示義務違反（④・⑤）の場合は、量刑が異なります。

罰則 ▶
> 2年以下の禁錮、または50万円以下の罰金（①・②・③）
> 1年以下の禁錮、または30万円以下の罰金（④・⑤）
> 〔公職選挙法243条①・244条①関係〕

選挙運動のための有料インターネット広告の制限違反

 ▶ ①選挙運動のための有料インターネット広告を掲載すること。
②候補者本人や第三者などが選挙運動用ウェブサイト等に直接リンクする有料インターネット広告を掲載すること。

罰則 ▶
> 2年以下の禁錮、または50万円以下の罰金
> 〔公職選挙法243条①関係〕

文書図画（ポスター・立札・看板等）の制限違反

 要件 ▶ ①任期満了の日の6ヵ月前の日（任期満了による選挙の場合）または選挙を行うべき事由が生じた旨を選挙管理委員会が告示した日の翌日（任期満了によらない選挙の場合）から選挙期日までの間に、候補者や後援会が政治活動のためにポスターを掲示すること。

②政治活動において、枚数制限や規格制限などに違反して立札・看板の類を掲示すること。

③選挙事務所、演説会場、選挙運動用自動車の車上・船上などで使用するもの、および選挙運動用ポスターや個人演説会告知用ポスターを除き、選挙運動のためにポスターや立札・看板などの文書図画（アドバルーン、ネオン・サイン、電光による表示、スライドなどによる映写を含む）を掲示すること。

④選挙事務所、演説会場、選挙運動用自動車の車上・船上などで使用するポスターや立札・看板の類、および選挙運動用ポスターや個人演説会告知用ポスターに関し、枚数制限や規格制限などに違反して掲示すること。

⑤選挙運動用ポスターや個人演説会告知用ポスターの表面に、掲示責任者や印刷者などの氏名・住所を記載していないこと。

⑥都道府県知事選挙に関し、選挙運動用ポスターや個人演説会告知用ポスターを、公営ポスター掲示場以外の場所に掲示すること。

⑦選挙管理委員会から文書図画の撤去を命じられたにもかかわらず、撤去命令に従わないこと。

⑧認められている葉書・ビラ以外の選挙運動用文書図画を頒布すること。

⑨選挙運動のために、回覧板、文書図画、看板（プラカードを含む）の類を、多数の人に回覧すること。

⑩国や地方公共団体が所有・管理する建物（公営住宅などを除く）や不在者投票管理者が管理する投票記載場所にポスターを掲示したり、他人の建物などに承諾なくポスターを掲示したり、またはそのポスターの撤去命令に従わなかったりすること。

⑪選挙事務所を廃止したり、選挙運動用自動車・船舶の使用をやめたり、個人演説会が終了した後などに、そのまま掲示されている文書図画について撤去命令を受けたにもかかわらず、これに従わないこと。

解説 ■ 掲示場所違反（⑩・⑪）の場合は、量刑が異なります。

罰則 ▶

> **2年以下の禁錮、または50万円以下の罰金（①〜⑨）**
> **1年以下の禁錮、または30万円以下の罰金（掲示場所撤去命令違反）**
> **（⑩・⑪）** 〔公職選挙法243条①・244条①関係〕

新聞広告の制限違反

 ▶ 選挙期間中に、都道府県知事選挙の候補者が5回以上にわたって新聞広告を掲載したり、その他の選挙の候補者が3回以上にわたって、新聞広告を掲載したりすること（法定の寸法以上の大きさにより新聞広告を掲載することも同様）。または、広告を掲載した新聞紙を、通常の方法（新聞販売業者が有償で頒布すること）以外の方法で頒布したり、都道府県の選挙管理委員会が指定する場所以外のところに掲示したりすること。

罰則 ▶
> 2年以下の禁錮、または50万円以下の罰金
>
> （公職選挙法243条①関係）

新聞紙・雑誌の報道評論の自由違反

 ▶ 選挙期間中に、新聞紙や雑誌の販売業者が、選挙に関する報道・評論が掲載されている新聞紙や雑誌を、通常以外の方法で（無償でする場合を含む）頒布したり、都道府県の選挙管理委員会が指定する場所以外のところに掲示したりすること。

罰則 ▶
> 2年以下の禁錮、または50万円以下の罰金
>
> （公職選挙法243条①関係）

特殊乗車券の制限違反

 ▶ 特殊乗車券の交付を受けた候補者が、立候補届出が却下されたり、立候補を辞退したりした際に、未使用の特殊乗車券を返還しないこと。または、これを他人に譲渡すること。

罰則 ▶
> 1年以下の禁錮、または30万円以下の罰金
>
> （公職選挙法244条①関係）

個人演説会・街頭演説の制限違反

 要件

①選挙運動のために、個人演説会以外の演説会を開催すること。

②都道府県知事の選挙において個人演説会の開催中に、選挙管理委員会が交付する表示板を付けた立札・看板の類を、会場の前に掲示しないこと。または、それ以外の立札・看板の類を会場の外に掲示すること。

③選挙管理委員会が交付する標旗を掲げずに街頭演説をすること。

④街頭演説に従事する選挙運動員が、選挙管理委員会が交付する腕章を着けないで街頭演説をすること。

⑤他の選挙の投票日（投票所の閉鎖時間までの間）に、その投票所、共通投票所の入口から300m以内の区域で、個人演説会を開催したり、街頭演説をしたり、連呼行為をしたりすること。

⑥電車・バス・船舶などの交通機関の中、電車やバスの停車場、鉄道の敷地内、病院、診療所、その他の療養施設で、演説をしたり、連呼行為をしたりすること。

⑦街頭演説の際に標旗の提示を拒んだり、午前8時から午後8時まで以外の時間帯に街頭演説をすること。

解説 ━━ 夜間演説等の禁止違反（⑦）の場合は、量刑が異なります。

罰則

> **2年以下の禁錮、または50万円以下の罰金（①〜⑥）**
> **1年以下の禁錮、または30万円以下の罰金（夜間演説）（⑦）**
> 〔公職選挙法243条①・244条①関係〕

選挙期日後の挨拶行為の制限違反

 要件

選挙期日後に、当選または落選の挨拶として、戸別訪問をしたり、挨拶状（自筆の信書やインターネット等を利用する方法により頒布される文書図画などを除く）を出したり、テレビや新聞・雑誌に挨拶広告を出したり、当選祝賀会などの集会を開いたりすること。

罰則

> **30万円以下の罰金**
> 〔公職選挙法245条関係〕

選挙費用の法定額違反

 要件 ▶ 出納責任者が、選挙管理委員会が告示する制限額を超えて、選挙運動に関する支出をしたり、させたりすること。

罰則 ▶

> **3年以下の禁錮、または50万円以下の罰金**
>
> 〔公職選挙法247条関係〕

収入支出に関する規制違反

 要件 ▶ ①出納責任者選任（異動）届が提出される前に、出納責任者が候補者のために寄附を受けたり、支出をしたりすること。
②出納責任者が、会計帳簿を備えなかったり、これに収支を記載しなかったり、あるいは虚偽の記載をしたりすること。
③出納責任者以外の者が寄附を受けたとき、7日以内に出納責任者に明細書を提出しなかったり、これに虚偽の記載をしたりすること。
④出納責任者または出納責任者から文書による承諾を得た者以外の者が立候補準備行為、電話またはインターネット等による選挙運動に要するもの以外の選挙運動に関する支出をすること。
⑤支出をした者が支出を証明する書面（領収書など）を徴収しなかったり、出納責任者に送付しなかったり、これに虚偽の記載をしたりすること。
⑥出納責任者が職務を果たせなくなった際に、職務代行者などに事務の引継ぎをしないこと。
⑦出納責任者が、選挙運動費用収支報告書とその他の添付書類（宣誓書・領収書等・明細書）を提出しなかったり、これらに虚偽の記載をしたり、提出後3年間保存しなかったり、選挙管理委員会に報告または資料の提出を求められたときに拒んだり、虚偽の報告または資料を提出したりすること。

罰則 ▶

> **3年以下の禁錮、または50万円以下の罰金**
>
> 〔公職選挙法246条関係〕

選挙期間中の政治活動の規制違反

要件

▶①都道府県知事選挙、市長選挙、特別区長選挙、都道府県や指定都市の議会の議員選挙において、選挙期間中に、政党その他の政治活動を行う団体（確認団体以外の団体）が、政談演説会・街頭政談演説の開催、ポスターの掲示、立札・看板類の掲示、宣伝告知のための政治活動用自動車・拡声機の使用、ビラの頒布、機関紙誌上での選挙報道・評論の掲載、連呼行為などをすること。

②確認団体が政談演説会・街頭政談演説の開催、ポスターの掲示、立札・看板類の掲示、宣伝告知のための政治活動用自動車・拡声機の使用、ビラの頒布、連呼行為などをする際に、それぞれの規定に違反すること（ただし、④の違反を除く）。

③選挙期間中、政党その他の政治活動を行う団体が政治活動のため、候補者の氏名などを記載した文書図画の掲示または頒布、国または地方公共団体が所有・管理する建物（公営住宅などを除く）での文書図画の頒布を行うこと（確認団体として行うことが許されるものを除く）。

④確認団体が、政治活動用自動車に選挙管理委員会が定める表示をしないこと、政談演説会の開催を告知する立札・看板類に選挙管理委員会が定める表示や掲示責任者の氏名・住所が記載されていないこと、ポスターやビラに選挙管理委員会が交付する証紙・検印や確認団体の名称や掲示（頒布）責任者の氏名・住所などが記載されていないこと、国や地方公共団体が所有・管理する建物（電柱や公営住宅などを除く）にポスターを掲示したり他人が所有・管理する建物に無断でポスターを掲示したりすること、規定に違反した立札・看板やポスターの撤去を求められた際にこれに従わないこと。

⑤告示前から掲示されていた政党その他の政治活動を行う団体の政治活動用ポスターで当該ポスターに氏名等が記載された者が候補者となったため撤去しなければならないものについて、撤去命令に従わないこと。

解説 ▬ 規制に違反した者は、100万円以下の罰金が科せられます。ただし、④・⑤の違反を犯した場合のみ、50万円以下の罰金が科せられます。

罰則 ▶

> **100万円以下の罰金（①・②・③）**
> **50万円以下の罰金（④・⑤）**
>
> 〔公職選挙法252条の3関係〕

寄附の制限違反罪

候補者等の寄附の禁止違反

要件 ▶ ①候補者等が、選挙区内の者に対して、選挙に関する寄附を行うこと（政党や親族への寄附、選挙区内で行われる政治教育集会に関する必要最小限度の実費補償などを除く）。または、通常一般の社交の程度を超えて寄附をすること。

②候補者等が、選挙区内の者に対して、選挙に関しないもので、かつ、通常一般の社交の程度を超えない寄附を行うこと（本人が出席しその場においてする結婚披露宴の祝儀や葬式・通夜の香典を除く）。

解説 ■ 選挙に関する寄附は、選挙に関しない寄附よりも刑が加重されています。

また、②については、本人が出席しその場においてする結婚披露宴の祝儀や葬式・通夜の香典であっても、通常一般の社交の程度を超える場合には①と同様の罰則が科せられます。

罰則 ▶
> 1年以下の禁錮、または30万円以下の罰金（選挙に関する寄附）（①）50万円以下の罰金（選挙に関しない寄附）（②）
> （公職選挙法249条の2①②③関係）

候補者等を名義人とする寄附の禁止違反

要件 ▶ 候補者等以外の者が、選挙区内の者に対して、候補者等の名義で寄附を行うこと（候補者等の親族への寄附、選挙区内で行われる政治教育集会に関する必要最小限度の実費補償を除く）。

罰則 ▶
> 50万円以下の罰金
> （会社その他の法人については、役職員または構成員として当該違反行為をした者）
> （公職選挙法249条の2④関係）

候補者等の関係会社等の寄附の禁止違反

 要件 ▶ 候補者等が役職員や構成員である会社・その他の法人・団体が、選挙に関して、候補者等の氏名を表示して寄附をしたり、候補者等の氏名が類推されるような方法で、選挙区内の人に対して寄附をしたりすること（政党などへの寄附を除く）。

罰則 ▶

> **50万円以下の罰金**
>
> 〔公職選挙法249条の3関係〕

候補者等の氏名を冠した団体の寄附の禁止違反

 要件 ▶ 候補者等の氏名や氏名類推事項を冠した団体が、選挙に関して、選挙区内の者に対して寄附をすること（当該候補者等や政党などへの寄附を除く）。

罰則 ▶

> **50万円以下の罰金**
>
> 〔公職選挙法249条の4関係〕

後援団体に関する寄附の禁止違反

 要件 ▶ ①後援団体が、選挙区内にある者に対して寄附を行うこと（候補者等への寄附、政党などへの寄附、後援団体が一定期間までにその団体の設立目的により行う行事や事業に関する寄附を除く）。
②後援団体の設立目的により行う行事や事業に際して、一定期間内に、選挙区内の者に対して、金銭や物品などを供与したり、供応接待をしたりすること。
③候補者等が、一定期間内に、自分の後援団体（資金管理団体を除く）に対して、寄附をすること。
※一定期間とは任期満了日の90日前（任期満了による選挙の場合）または選挙を行うべき事由が生じた旨を選挙管理委員会が告示した日の翌日（任期満了によらない選挙の場合）から選挙期日までの間をいいます。

罰則 ▶

> **50万円以下の罰金**
>
> 〔公職選挙法249条の5関係〕

地方公共団体と特別の関係にある者の寄附の禁止違反

 ▶ ①都道府県や市区町村と請負契約などの特別な利益を伴う契約を結んでいる人や会社などが、契約先の都道府県や市区町村の長および議会議員選挙に関して、寄附をすること。

②都道府県や市区町村から利子補給金の交付の決定を受けた者から利子補給金に係る融資を受けている会社などが、交付を決定した都道府県や市区町村の長および議会議員選挙に関して、交付の決定を受けた日から1年以内に寄附をすること。

罰則 ▶
> **3年以下の禁錮、または50万円以下の罰金**
> **（会社その他の法人については、役職員として当該違反行為をした者）**
>
> 〔公職選挙法248条①②関係〕

寄附の勧誘・要求の禁止違反

 ▶ ①地方公共団体と請負関係にある会社などや、地方公共団体から利子補給金の交付の決定を受けた者から利子補給金に係る融資を受けている会社などに対して、寄附を勧誘したり、要求したり、または寄附を受けたりすること。

②候補者等を威迫して、寄附を勧誘したり、要求したりすること。

③候補者等の当選を無効にさせたり、被選挙権を停止させる目的で、寄附を勧誘したり、要求したりすること。

④候補者等以外の者を威迫して、候補者等の名義で選挙区内の者に寄附するように勧誘したり、要求したりすること。

解説 ■ それぞれの場合に応じて、量刑が異なります。

罰則 ▶
> **1年以下の懲役・禁錮、または30万円以下の罰金（②・④）**
> **3年以下の懲役・禁錮、または50万円以下の罰金（③）**
> **3年以下の禁錮、または50万円以下の罰金（①）**
>
> 〔公職選挙法249条・249条の2⑤⑥⑦関係〕

寄附の量的制限違反（政治資金規正法）

 要件 ▶ ①個人や会社などの団体が、それぞれの制限額などの規定に違反して、寄附をすること。
②政治団体や公職の候補者などが、個人や会社などの団体から、制限額を超えて寄附を受けること。
③会社などの団体に対して、政党・政治資金団体以外の者（公職の候補者や後援団体など）への寄附を勧誘したり、要求したりすること。

解説 ■ 寄附の量的制限などの規定の概要は、次のとおりです。

寄附者	寄附の受領者	総枠制限／個別制限
個人	政党・政治資金団体	２千万円／なし
	資金管理団体 その他の政治団体 公職の候補者※	１千万円／150万円
会社などの団体	政党・政治資金団体	750万円～ １億円／なし
政治団体 （政党および政治資金団体以外）	政党・政治資金団体 公職の候補者※	なし／なし
	資金管理団体 その他の政治団体	なし／５千万円

※公職の候補者への金銭・有価証券による寄附は、選挙運動に関するものを除き、禁止されています。

団体の役職員や構成員が違反した場合には、その行為者を罰するほか、その団体に対しても罰金刑が科せられます（両罰規定）。
また、違反行為により受領した寄附は没収または追徴されます。

罰則 ▶

> 1年以下の禁錮、または50万円以下の罰金（行為者）
> 50万円以下の罰金（団体）

〔政治資金規正法26条関係〕

寄附の質的制限違反（政治資金規正法）

 要件

▶ ①外国人、外国法人、その主たる構成員が外国人や外国法人である団体やその他の組織から、寄附を受けること（主たる構成員が外国人または外国法人である日本法人のうち、上場会社であって、その発行する株式が5年以上継続して上場されている名義からの寄附を除く）。

②本人以外の名義で寄附をしたり、本人以外の名義による寄附を受けたりすること。または、匿名で寄附をしたり、匿名の寄附を受けたりすること（政党匿名寄附を除く）。

③国から、補助金、負担金、利子補給金、その他の給付金の交付の決定を受けた会社が、交付の決定の通知を受けた日から1年以内に寄附をすること。または、これらに対して寄附を勧誘したり、要求したりすること。

④地方公共団体から、補助金、負担金、利子補給金、その他の給付金の交付の決定を受けた会社が、交付の決定の通知を受けた日から1年以内に、交付を決定した地方公共団体の長、議会議員、その候補者や立候補予定者、またはこれらの者を支持・推薦する政治団体に対して寄附をすること。または、これらに対して寄附を勧誘したり、要求したりすること。

⑤国から、出資や拠出を一部でも受けている会社が、寄附をすること。または、これらに対して寄附を勧誘したり、要求したりすること。

⑥地方公共団体から、出資や拠出を一部でも受けている会社が、出資元である地方公共団体の長、議会議員、その候補者や立候補予定者、またはこれらの者を支持・推薦する政治団体に対して寄附をすること。または、これらに対して寄附を勧誘したり、要求したりすること。

⑦3事業年度以上にわたり継続して欠損を生じている会社が、その欠損がうめられるまでの期間中に寄附をすること。または、これらの寄附を受けること。

解説 ■ 団体の役職員や構成員が違反した場合には、その行為者を罰するほか、その団体に対しても罰金刑が科せられます（両罰規定）。
また、違反行為により受領した寄附は没収または追徴されます。
なお、⑦の赤字会社の寄附については量刑が異なります。

罰則 ▶
> **3年以下の禁錮、または50万円以下の罰金（行為者）（①〜⑥）**
> **50万円以下の罰金（赤字会社の行為者）（⑦）**
> **50万円以下の罰金（団体）（①〜⑦）**
>
> 〔政治資金規正法26条の2・3関係〕

第8章
主な罰則一覧

公民権停止

公職選挙法・政治資金規正法違反

要件 ▶ 公職選挙法に違反し、刑に処せられること。または、政治資金規正法に違反し、刑に処せられること。

解説 ■■ 公職選挙法違反、または政治資金規正法違反の罪を犯した者は、それぞれの罪状に応じて処罰されますが、さらに一定期間、選挙権および被選挙権（公民権）が停止され、投票することも立候補することもできず、また選挙運動をすることもできません（連座制の適用により当選無効・立候補制限を受けた候補者は、公民権を停止されるものではありません）。公職にある者が被選挙権を失えば、地方自治法により、その職を失うことになります。停止期間は、犯した罪や刑罰の種類によって異なります。

罰則 ▶

> ### 選挙権・被選挙権の停止
> 〔公職選挙法11条・252条関係、政治資金規正法28条関係〕

【停止期間】
●罰金刑の場合／裁判が確定した日から5年間
●罰金刑の執行猶予の場合／裁判が確定した日から刑の執行がなくなるまでの間（執行猶予の期間）
●懲役・禁錮刑の場合／裁判が確定した日から刑の執行が終わるまでの実刑期間と、さらにその後の5年間
●懲役・禁錮刑の執行猶予の場合／裁判が確定した日から刑の執行がなくなるまでの間（執行猶予の期間）
●公職にある間に収賄罪を犯した場合／執行猶予ならばその期間、実刑ならば裁判が確定した日から刑の執行が終わるまでの実刑期間と、さらにその後の5年間（被選挙権は10年間）
●買収罪や利害誘導罪などの累犯者／裁判が確定した日から刑の執行が終わるまでの実刑期間と、さらにその後の10年間（罰金刑に処せられた者については、裁判が確定した日から10年間）

当選無効と立候補制限

公職選挙法違反

要件 ▶ ①候補者が公職選挙法に違反し、刑に処せられること。ただし、次の違反行為を除きます。
挨拶を目的とする有料広告の制限違反（235条の6）、選挙人名簿の抄本等の閲覧に係る命令違反および報告義務違反（236条の2）、選挙期日後の挨拶行為の制限違反（245条）、選挙運動に関する収入および支出の規制違反（246条2号〜9号）、寄附の制限違反（248条）、公職の候補者等の寄附の制限違反（249条の2③〜⑤⑦）、公職の候補者等の関係会社等の寄附の制限違反（249条の3）、公職の候補者等の氏名等を冠した団体の寄附の制限違反（249条の4）、後援団体に関する寄附等の制限違反（249条の5①③）、推薦団体の選挙運動の規制違反（252条の2）、政党その他の政治活動を行う団体の政治活動の規制違反（252条の3）、選挙人等の偽証罪（253条）

②総括主宰者、出納責任者、地域主宰者が、買収罪などの悪質な選挙違反を犯し、罰金以上の刑に処せられること（執行猶予を含む）。

③候補者や立候補予定者の親族、秘書、組織的選挙運動管理者等が、買収罪などの悪質な選挙違反を犯し、禁錮以上の刑に処せられること（執行猶予を含む）。

解説 ②と③の場合には連座制が適用され、候補者や立候補予定者が買収などの行為に関わっていなくても、候補者や立候補予定者本人について、当選が無効になるとともに、5年間、同じ選挙で同一の選挙区から立候補できないことになります。ただし、買収などの行為がおとり行為や寝返り行為であった場合などには、連座制は適用されません（P139〜144参照）。

罰則 ▶
> **当選人の当選無効**
> **候補者・立候補予定者の5年間の立候補制限**
> 〔公職選挙法251条・251条の2・251条の3関係〕

地方選挙要覧〈令和4年版〉

無断禁転

令和4年4月28日発行

監修／選挙制度研究会
編集・発行／株式会社 国政情報センター
発行人／中 島 孝 司
〒150-0044 東京都渋谷区円山町5-4 道玄坂ビル
電 話 03-3476-4111
FAX 03-3476-4842
振替口座 00150-1-24932

定価：3,080円（本体2,800円＋税10%）落丁・乱丁本はお取替えいたします。
ISBN978-4-87760-330-4 C3031 ¥2800E